Reinhard Kriechbaum

Weihnachtsbräuche in Österreich

VERLAG ANTON PUSTET

Weihnachtsbräuche in Österreich

Reinhard Kriechbaum

VERLAG ANTON PUSTET

Impressum

Bibliografische Information der Deutschen Nationalbibliothek
Die Deutsche Nationalbibliothek verzeichnet diese Publikation in der Deutschen Nationalbibliografie; detaillierte bibliografische Daten sind im Internet über http://dnb.ddb.de abrufbar.

5020 Salzburg, Bergstraße 12

Lektorat: Anja Zachhuber
Layout & Satz: Tanja Kühnel
Druck: Druckerei Theiss, St. Stefan im Lavanttal
Gedruckt in Österreich

ISBN: 978-3-7025-0627-8

www.pustet.at

Inhaltsverzeichnis

Vorwort

Immer wieder haben die Leute, die ich über Weihnachtsbräuche in Österreich befragte, in der Vergangenheitsform geredet, „Früher haben wir ...“ – mich hat aber etwas ganz anderes interessiert: Welche Bräuche leben, welche alten Sitten werden (noch) gepflegt und weitergetragen? Und, was noch viel spannender ist: Was ist neu aufgekommen?

Bräuche stehen nicht da wie Denkmäler auf einem Steinsockel. Sie verwandeln sich, sie entwickeln sich weiter oder werden weiterentwickelt. Es war spannend, bei der Recherche diesen Veränderungen nachzuspüren. Deshalb steht in diesem Buch über das Winter- und Weihnachtsbrauchtum in Österreich Althergebrachtes neben Zeitgeistigem.

Brauchtum ist nicht etwas „von gestern“. Das lieb Gewonnene wird nicht nur von der älteren Generation bewahrt, sondern auch von jungen Menschen gerne weitergeführt und oft auch wieder aufgenommen. Viele Bräuche, auf denen das Etikett „uralt“ zu kleben scheint, erweisen sich bei näherer Betrachtung als Neuschöpfungen. Was alte Leute noch vom Hörensagen kannten, haben Jüngere, sei es im Rahmen von Brauchtumsvereinen, aus persönlichem Interesse oder in Hinblick auf den Tourismus wieder aufleben lassen. Sie haben es in eine neue Zeit gestellt und auch entsprechend verwandelt. Wir erzählen in diesem Buch auch über Menschen, die hinter den Bräuchen stehen.

Freilich haben Bräuche alte Wurzeln, auf die wir immer wieder zu sprechen kommen. Aber es geht nicht um Nostalgie, sondern um unser Leben, um unsere heutige Kultur und Lebensart. Das betrifft „Schaubräuche“ (etwa Krampus- und Perchtenläufe) ebenso wie das Private: Das Krippenbauen zum Beispiel ist wieder zu einer von auffallend vielen Menschen gepflegten Adventbeschäftigung geworden. Nie zuvor gab es so viele Krippenbauvereine im Land, und es werden immer mehr!

Kein Ort, kein Schlosshof heutzutage ohne Weihnachtsmarkt: Ist das Punschtrinken als adventlicher Chill-out schon zum – neuen – Brauch geworden, so wie das Spenden für „Licht ins Dunkel“? Bei den Weihnachtsmärkten habe ich mich zurückgehalten, denn sie wären Thema für ein eigenes Buch.

Ich hoffe, dass sich der Eindruck lebendiger, kreativer Brauchtumspflege auch den Leserinnen und Lesern spontan erschließt.

Reinhard Kriechbaum

Schluss mit lustig

Der „Kathreintanz“ allerorten signalisiert den Beginn einer stillen Zeit

Der Gedenktag der heiligen Katharina steht zwar noch außerhalb des Advent- und Weihnachtsfestkreises, aber er signalisiert unmissverständlich, dass demnächst Schluss mit lustig ist: Mit dem ersten Adventsonntag beginnt ja nicht nur ein neues Kirchenjahr, sondern – wie es im kirchlichen Sprachgebrauch so anschaulich heißt – eine „geschlossene Zeit“: Wochen des Zur-Ruhe-Findens, des Nachdenkens, der Besinnung auf das Wesentliche. Es gibt im Advent keinen großen „Einzug“ in die Kirche, die Hauptportale größerer Gotteshäuser bleiben zu. Daher die Bezeichnung „geschlossene Zeit“.

„Kathrein stellt die Räder und den Tanz ein“, das ist der verbreitete Spruch. Am Tag der Heiligen, dem 25. November, – in der landläufigen Praxis am Wochenende davor – wird zum letzten Mal herzhaft getanzt.

Statuen der heiligen Katharina von Alexandrien erkennt man am zerbrochenen Rad. Der Legende nach habe die streitbare, äußerst selbstbewusste Dame Freier um Freier abgelehnt. Als Christus ihr im Traum einen Ring an den Finger steckte, habe sie sich ihm verlobt. Als Glaubensverkünderin war sie argumentationsstark wie wenige. Kaiser Maxentius soll gleich 50 Philosophen der Extraklasse aufgeboten haben, auf dass sie ihr Paroli böten – vergeblich. Da wollte der Kaiser sie zur Nebenfrau küren, was sie verständlicherweise entrüstet von sich wies. Es folgten einige Martyrien, aus denen sie auf wundersame Weise errettet wurde. Tod durch Rädern war eines davon, das Rad zersprang. Zuletzt, so berichtet die Legende über die historisch nicht greifbare Heilige, sei sie enthauptet worden.

Das Rad jedenfalls ist Katharina als Attribut geblieben. Wagner und Fuhrleute, Müller und Scherenschleifer, auch Spinnerinnen (lauter Berufe, die mit dem Rad zu tun haben) wählten sie zur Patronin. Findige Volkskundler erklären die Sache mit dem Kathreintanz auch so, dass eben auch Tanzen mit Drehbewegung zu tun habe. Das ist aber eine umstrittene These.

Tatsächlich war der Katharinen-Tag, an dem einst Räder tunlichst still zu stehen hatten, das letzte populäre Heiligenfest im Jahreskreis. Völlig logisch, dass da noch mal herzhaft aufgetanzt wurde. Zu Kathrein kamen die Tiere endgültig in den Stall, schließlich ist in diesen Tagen bereits mit liegen bleibendem Schnee auch in Tal-Lagen zu rechnen. Beschäftigung in den eigenen vier Wänden hatte ab nun Vorrang (Outdoor-Initiativen wie ein Chill-out beim Punschstand sind ja eine Entwicklung unserer Tage).

Um St. Kathrein wird getanzt, überall. In Wien gibt es sogar ein traditionelles Volkstanzfest, das zu den größten Trachtenveranstaltungen in Österreich zählt. Der „Wiener Kathreintanz" hat über sechs Jahrzehnte Tradition. Ab 1950 fand er, mit ganz wenigen Ausnahmen, in den Sophiensälen statt (die mittlerweile einer Feuersbrunst zum Opfer gefallen sind). 1989 übersiedelte man ins Konzerthaus, 2003 in den Kursalon Hübner im Stadtpark, die folgenden Jahre wurde im Parkhotel Schönbrunn aufgetanzt. Ab 2010 ist das Palladion XXI, eine Event-Location in Wien-Floridsdorf, Ort des „Balls der Österreichischen Tänze", wie es im Untertitel heißt.

1700 Besucher kommen jedes Jahr zum Wiener Kathreintanz. Es ist eine Veranstaltung, bei der nach wie vor großer Wert auf Stil gelegt wird: „Pseudoalpine ‚Juchschreie' – und seien sie noch so gekonnt – sind im Rahmen unseres Festes fehl am Platze", hieß es in einem Merkblatt aus den 80er-Jahren. Und wenn auch ein solcher Volkstanzfest-Knigge heutzutage nicht mehr verteilt wird, hat manche damals festgeschriebene Kleiderordnung auch heute noch Gültigkeit.

Zum Wiener Kathreintanz lädt man gerne Volkstanzgruppen aus anderen Ländern, natürlich auch aus Gegenden, die einst zur österreichischen Monarchie gehörten. Überhaupt: Es lohnt sich beim Wiener Kathreintanz auch nach fremden Trachten Ausschau zu halten.

WO: Kathreintänze gibt es fast an jedem Ort in Österreich. Der Wiener Kathreintanz findet derzeit im Palladion XXI (Sebastian-Kohl-Gasse 3–9, 1210 Wien) statt.

WANN: „Kathreintag" ist der 25. November. Einschlägige Tanzveranstaltungen werden im Regelfall am letzten Wochenende vor dem ersten Advent abgehalten, aber durchaus auch an anderen Tagen im November.

INFORMATIONEN: Den Wiener Kathreintanz veranstaltet die „Arbeitsgemeinschaft Volkstanz Wien". Telefon: 0680 310 76 46, Internet: www.wienerkathreintanz.at, www.volkstanzwien.at, E-Mail: volkstanz_wien@hotmail.com

„Kitsch im positiven Sinn“

Der Weihnachtsmarkt auf dem Spittelberg hat Kultstatus unter Wiens Adventmärkten

Unsere Besucher kommen gerne nach der Arbeit zu uns, stehen bei Glühwein oder Punsch zusammen oder setzen sich in eines der vielen Lokale.“ So beschreibt Ruth Diamant, Leiterin des Weihnachtsmarktes auf dem Wiener Spittelberg, die besondere Stimmung auf diesem Markt, der in der Bundeshauptstadt zu den Advent-Klassikern zählt. Freilich, da wäre noch der Markt vor dem Schloss Schönbrunn – aber das ist eigentlich nur etwas für Touristen. Und der riesige Christkindlmarkt vor dem Jahr für Jahr zu Österreichs größtem Adventkalender mutierenden Wiener Rathaus? Da schütteln Wiener Vorweihnachts-Insider ohnedies nur mehr den Kopf: alles Ramsch, alles verkitscht.

18 größere Adventmärkte hat es in Wien ab Mitte November und im Dezember 2009 gegeben, und da sind Veranstaltungen unter einer Woche Dauer noch gar nicht mitgerechnet. Drei Millionen Besucher – davon gut eine halbe Million ausländische Gäste – zählt man Jahr für Jahr allein auf dem Christkindlmarkt auf dem Rathausplatz. Demgegenüber ist jener auf dem Spittelberg, einen Katzensprung vom Volkstheater und vom Museumsquartier entfernt und auch von der Einkaufsmeile Mariahilfer Straße kommod zu erreichen, mit seinen rund 700.000 Besuchern pro Saison beinah ein lauschiges Plätzchen. Genauer gesagt: Kein Plätzchen, sondern eine Reihe von Biedermeier-Gassen.

Es ist ein Stück Alt-Wien, mit Biedermeierhäusern und Kopfsteinpflaster. Im 16. Jahrhundert kam ein adeliger Grundbesitzer auf die Idee, Boden für Geld zu verpachten, anstatt sich die Nutzungsrechte in Naturalien abgelten zu lassen. Das war damals neu. So wurde der Hausberg, damals im Weichbild der Stadt, parzelliert. Durchhäuser waren der Tribut an die Verbauungsdichte. Tanzstuben (worunter man sich Bordelle vorstellen muss) gaben dem Grätzel einst nicht den besten Ruf.

In der Zwischenkriegszeit und auch nach dem Krieg verkam das Viertel zusehends. Mitte der 80er-Jahre regte sich Widerstand gegen die drohende Zerstörung alter Bausubstanz. Die Gemeinde ließ eine ganze Reihe von Biedermeierhäusern am ehemaligen Spitalberg (da rührt der Name Spittelberg her) renovieren. Künstler und vor allem auch Gastronomen erkannten die Wohn-, Arbeits- und Lebensqualität an und in den alten Gassen. Bald gab es Beisln, Restaurants, Kaffeehäuser, Bars. Die Errichtung des Museumsquartiers hat den Spittelberg weiter belebt und noch einmal attraktiver gemacht.

Eine klassische Chill-out-Zone, auch als Weihnachtsmarkt? „Es ist etwas Kommunikatives“, bestätigt Ruth Diamant. Man entkomme hier ein wenig der Großstadt-Anonymität. 35 Prozent betrage hier der Touristenanteil, heißt es. Von den 135 Marktständen widmen sich nur 15 der Punsch-Ausschank. Das ist auffallend wenig, wenn man mit anderen Adventmärkten vergleicht. Seit mehr als 25 Jahren gibt es jetzt den Weihnachtsmarkt auf dem Spittelberg. „Wir legen Wert auf Kunsthandwerk“, sagt Ruth Diamant, aber das könne durchaus auch internationale Händlerware sein. „Kitsch im positiven Sinn“, versichert die Marktleiterin, und meint damit vor allem das spezifische Ambiente. Ihr sei ein Anliegen, noch viel mehr Kunsthandwerk aus Osteuropa herzubringen, zum Beispiel aus Ungarn und der Slowakei. „Kunsthandwerker von dort zahlen auch eine geringere Standgebühr.“ Aber oft sei die finanzielle Hürde, dass die Verkäufer für die sechs Wochen irgendwo wohnen müssen.

Spittelberg-Kenner wissen, dass es unter Umständen gar nicht unbedingt die Adventstände sind, an denen man fündig wird. Es gibt etliche Kunstgewerbe-Läden in den Spittelberg-Häusern mit oft originellem Angebot.

Auf bis zu 300 Millionen Euro schätzt man in Wien den aus Adventmärkten touristisch generierten Umsatz in den Monaten November und Dezember. Die unmittelbaren Adventmarkt-Umsätze laut einer CIMA-Analyse von 2008: 189 Millionen Euro wurden auf 245 österreichischen Adventmärkten ausgegeben. Die Dunkelziffer ist vermutlich höher, weil wer versteuert schon jedes Glas Punsch und jede einzelne Bratkartoffel?

WO: Auf dem Spittelberg im 7. Wiener Gemeindebezirk.

WANN: Von Mitte November bis 23. Dezember, wochentags von 15–21/21.30 Uhr, Samstag und Sonntag 10–21/21.30 Uhr.

INFORMATIONEN: Kulturverein Forum Spittelberg, Spittelberggasse 3/2, 1070 Wien. Telefon: 01 522 69 65, Internet: www.spittelberg.at, E-Mail: forum@spittelberg.at

Aus dem Volksleben der „Christkindlstadt“

Im „Steyrer Kripperl“ werden 455 Figuren bewegt – Geschichten von Handwerkern und vom Christkind

Die Insider“, sagt Gerhard Nezbeda, der Leiter des Kripperltheaters in Steyr, „kommen ja gar nicht im Advent und an den Weihnachtstagen: Die Feinspitze wissen, dass sie in der zweiten Novemberhälfte und auch am Wochenende nach Dreikönig ganz besondere Szenen erleben, die sie sonst nicht sehen können. Zum Beispiel einen Almabtrieb, einen alten Schiffszug an der Enns oder eine Fronleichnamsprozession.“

Das Steyrer Kripperl: eine Attraktion ersten Ranges, für die man sich zur Hauptsaison (Advent und Weihnachtsfeiertage) schon Monate im Vorhinein Karten sichern sollte. 455 Figuren stehen zur Verfügung, 16 Puppenspieler sind hinter und unter der stufenförmigen Bühne beschäftigt. Auf der Unterbühne sind der Stall zu Bethlehem und die Buden der Handwerker und Gewerbetreibenden zu sehen. Und obenauf Steyr als Biedermeierstadt. 15, 16 Zentimeter sind die holzgeschnitzten Figuren groß. Sie tragen Stoffgewänder. Entweder sind sie auf Laufbrettchen befestigt und werden dann auf Schienen hin und her bewegt. Oder es sind Stabpuppen, frei durch Rillen im Bühnenboden geführt.

Gut 80 Prozent der etwa einstündigen Aufführung handelt von Handwerkern. Die volkstümlichen Szenen überwiegen das Weihnachtsgeschehen bei Weitem – und gerade das macht schließlich die Anziehungskraft des „Steyrer Krippentheaters“ aus. Die Begeisterung des Publikums ist groß bei Szenen mit dem „Bäcker-Nazl“ oder dem „Liachtl-Anzünder“, dem Nachtwächter oder der Traubenwirtin. „Sogar ein Bergwerk ist dabei“, sagt Gerhard Nezbeda, „obwohl es ein solches gar nicht gibt in unserer Region“.

Im 18. und 19. Jahrhundert war es gang und gäbe, dass Wanderbühnen durch die Lande gezogen sind. Das hatte gar nichts mit Weihnachten zu tun. Tagesaktualitäten, lokale Ereignisse sind in die jeweiligen Puppenspiele eingeflossen. Aus solchen alten Textquellen schöpft man jetzt.

Anders als im „Traismaurer Krippenspiel“ ist beim Steyrer Kripperl der Textanteil viel höher als jener der Musik. Die Texte

werden von den Puppenspielern gesprochen, und auch die paar Lieder werden von ihnen gesungen, mit ganz wenigen Ausnahmen, etwa der Stimme des Engels, die vom Tonband kommt. Aber grundsätzlich ist alles „live".

„Früher wurde ganzjährig gespielt, nach dem Krieg von Mitte November bis Maria Lichtmess", erzählt Gerhard Nezbeda. Jetzt ist am Wochenende nach Dreikönig Schluss.

Seit etwa 1850 gab es im Steyrer Raum zwei Wanderkrippen mit zahlreichen Figuren, mit welchen in Gasthäusern Theatervorstellungen gespielt wurden. Diese beiden Krippen dürften später zum Steyrer Kripperl verschmolzen sein, das seit 1924 einen eigenen Theatersaal besitzt, im sgraffitogeschmückten Innerberger Stadl in der Altstadt von Steyr. Auf den schlichten Holzbänken finden etwa 100 Zuschauer Platz. Die Tradition ist seit dem frühen 19. Jahrhundert ungebrochen: Der Verein „Heimatpflege Steyr" erwarb das Marionettentheater im Jahre 1916 und unterzog Bühne und Figuren einer gründlichen Renovierung.

Viele Figuren haben eine komplizierte Mechanik aus Draht und Schnüren, und manche sind bis zu 200 Jahre alt. Da kann es schon vorkommen, dass aus Puppenspielern während und zwischen den Vorstellungen Puppendoktoren werden ...

WO: Im Innerberger Stadl am Grünmarkt in Steyr (Oberösterreich).

WANN: Von Mitte November bis zum Wochenende nach Dreikönig. Samstag, Sonntag und an Feiertagen jeweils um 14.00, 15.15 und 16.30 Uhr. Öfters auch Zusatzvorstellungen.

INFORMATIONEN: Kripperl-Telefon: 0676 660 54 47, eine halbe Stunde vor jeder Vorstellung, Eintritt 4 Euro (Erwachsene), 2 Euro (Kinder). Tourismusverband Steyr, Stadtplatz 27, 4402 Steyr, Telefon 07252 532 29-0, Internet: www.steyr.info, E-Mail: info@steyr.info

Ein Advent-Kunstkalender

Jeden Tag wird an der Liebburg, dem Rathaus von Lienz, ein weiteres Fenster erleuchtet

Sie ist ein sehr eindrucksvoller Bau, die sogenannte Liebburg auf dem Hauptplatz von Lienz. Die beiden Türme mit den stattlichen Welschen Hauben geben dem Gebäude, das Anfang des 17. Jahrhunderts erbaut wurde und heute als Rathaus der Osttiroler Hauptstadt dient, repräsentativen Charakter. Und was sich ganz fein fügt: Dank zweier Mansarden geht es sich genau aus mit der Zahl der Fenster, um aus der Liebburg einen Adventkalender zu machen! Seit 1998 ist das der Brauch. Heimische Künstlerinnen und Künstler gestalten die 24 Fenster des Rathauses und stellen ihre Arbeiten für die Kunstauktion des Serviceclubs Round Table Lienz und für die österreichweite Aktion „Licht ins Dunkel" zur Verfügung.

Es ist ja keineswegs mehr auffallend, wenn sich Rathäuser und andere Fassaden in Österreichs Städten in Adventkalender verwandeln (zum riesenhaftesten im ganzen Land mutiert das Wiener Rathaus). Dass es ein „Kunstkalender" wird – das ist allerdings außergewöhnlich. Das tägliche Öffnen eines Kalenderfensters um 18.30 Uhr wird immer von Musik umrahmt und der heimische Radiosender sorgt dafür, dass es hier Tag für Tag ein kleines Medienereignis gibt. Viele Einheimische und natürlich auch viele Gäste schätzen das auch als gesellschaftlichen Anlass.

Die Originalwerke des Adventkalenders wurden mehrere Jahre hindurch in der Städtischen Galerie ausgestellt. Neuerdings hat man sich entschieden, die Bilder in den Schaufenstern der Geschäfte im neu gestalteten Innenstadtbereich „Obere Altstadt" zu präsentieren. Die vom „Serviceclub Round Table 22" (Lienz) organisierte Kunstauktion der Originalwerke vom Adventkalender findet immer Anfang Jänner im Ratssaal der Liebburg statt. Der Reinerlös dieser Aktion kommt heimischen Sozialprojekten und in Not geratenen

Mitbürgern zugute. Das Ambiente ist stimmungsvoll: Der Adventmarkt in Lienz ist neben dem Markt in Innsbruck der traditionsreichste in Tirol. Mehr als 60 Begleitveranstaltungen umrahmen den Lienzer Advent und geben ihm einen besonderen regionaltypischen Anstrich. Die Adventmarktbesucher wärmen sich an offenen Feuerstellen. In der Lebenden Werkstätte, am Lienzer Adventmarkt wird fleißig gearbeitet und gebastelt.

Die Osttiroler Klaibaife (Krampusse) lassen natürlich auch Lienz nicht aus und sie geben sich hier nicht viel weniger wild als in Matrei, Kals oder anderen Gemeinden in den Osttiroler Tälern (von wo man allerdings etwas hochnäsig auf die Krampus-Kollegen im Drautal hinabblickt, ja: ihnen das Klaubauf-Sein geradewegs abspricht). In Lienz werden an den Tagen zwischen 3. und 6. Dezember Absperrungen aufgestellt. So sind die Besucher dem turbulenten Treiben nicht ganz so schutzlos ausgeliefert. Eine Lücke im Zaun gibt es, den „Raufplatz". Wer dort steht, der wird Opfer der Klaibaife, von einem der Maskierten auf den Platz gezerrt und – wie es hierorts eben der Klaubauf-Brauch ist – rücklings auf den Boden geworfen.

Ein Adventtag am Lienzer Adventmarkt endet trotzdem – wie an allen Tagen – friedlich: um 21 Uhr mit den Rufen des Nachtwächters und dem Erlöschen der Lichter in den Adventmarkthütten.

WO: Die Liebburg steht am Lienzer Hauptplatz (Osttirol), wo auch der Adventmarkt stattfindet.

WANN: Der Lienzer Adventmarkt beginnt am Donnerstag vor dem ersten Advent und hält bis 24. Dezember offen (Mo–Fr 15–21 Uhr, Sa, So und Feiertags 10–21 Uhr). Ab 1. Dezember wird täglich um 18.30 Uhr ein Kunstfenster an der Liebburg erleuchtet. Die Klaibaife laufen am 3., 5. und 6. Dezember.

INFORMATIONEN: Stadtgemeinde Lienz, Hauptplatz 7, 9900 Lienz, Telefon: 04852 600, Internet: www.stadt-lienz.at, E-Mail: rathaus@stadt-lienz.at

Weihnachtsmann-Mützen?

**Der Salzburger Christkindlmarkt –
Am Samstagabend gibt es ein Turmblasen in 3D**

Vor einigen Jahren, da ist der Salzburger Christkindlmarkt plötzlich in die Schlagzeilen der lokalen Medien geraten. Die ÖVP wollte verhindern, dass eine bayerische Geschäftsfrau etwas tat, was in den Jahren zuvor anstandslos durchgegangen war: nämlich blinkende Weihnachtsmann-Mützen verkaufen. In anderen politischen Lagern sah man die Sache entschieden weniger dogmatisch, und schließlich ist das Ansinnen eines Weihnachtsmann-Mützenverbotes im zuständigen Gremium niedergestimmt worden.

Ist der Salzburger Christkindlmarkt ein Hort der einschlägig-jahreszeitgemäßen Tradition, dass man gar so sensibel reagiert? Die Betreiber versichern, dass man hohe Maßstäbe anlege. So wacht der Trägerverein beispielsweise darüber, dass es keine Produkte doppelt und dreifach gibt. Und der Anteil der Gastronomiestände soll auch maximal zehn Prozent betragen.

Der Salzburger Christkindlmarkt hat seinen Ruf vor allem aufgrund der einzigartigen urbanen Barockkulisse: Bis vor 10, 15 Jahren war er auf den Domplatz beschränkt, nur einige Handwerker- und Floristenstände bildeten eine Art Spalier auf dem benachbarten Residenzplatz. Unterdessen haben sich die hölzernen Verkaufsbuden längst auf den Residenzplatz hinausgedrängt, der unterdessen mehr als zur Hälfte ins Weihnachtsmarktgeschehen einbezogen ist.

Es christkindelt also vehement in Salzburg, vor allem an den Wochenenden: Nahezu eine Million Menschen jährlich besucht diesen Markt, der traditionellerweise am Donnerstag vor dem ersten Advent beginnt. Nach Jahren des Diskutierens bleibt der Markt nun auch am Christtag und Stephanitag (also bis 26. Dezember) offen.

Der Salzburger Christkindlmarkt ist ein wichtiger Wirtschaftsfaktor: Über 230.000 Übernachtungen dezidiert von Christkindlmarkt-Besuchern freut sich die Hotellerie, Tagesausgaben von 40 Euro selbst der Tagesgäste machen den Handel glücklich. 62 Millionen Euro Umsätze werden durch den Christkindlmarkt generiert, heißt es in einer Wirtschaftsstudie. Die Hälfte der Besucher kommt aus Stadt und Land Salzburg, rund 380.000 finden aus dem benachbarten Bayern den Weg hierher.

Auf dem Domplatz hat es seit jeher Märkte vor Weihnachten gegeben. 1491 wird erstmals einer in dieser Jahreszeit erwähnt. Spätestens seit dem 17. Jahrhundert wurde ein Nikolaimarkt abgehalten – in der Mozart-Zeit begann er 14 Tage vor dem Nikolausfest und dauerte danach weitere zwei Wochen, also vom 22. November bis 20. Dezember. Puppen wurden da verkauft und Naschwerk, vor allem aber billige Alltagsware. Besonders zu erwähnen ist, dass der Salzburger Markt der erste in Europa war, in dem der Erzbischof ausdrücklich Frauen als Verkäuferinnen und Standbetreiberinnen zugelassen hat.

Es war, wie ein Chronist 1793 berichtet, „jedermann gestattet, alte oder Trödelwaren öffentlich feilzuhalten". Die ortsansässigen Kaufleute hatten keine Freude, zumal sich der Markt im späten 18. Jahrhundert auf die Zeit vom Martinsfest (11. November) bis zum 29. Dezember ausdehnte (darauf berufen sich jetzt manche, die den Markt im touristischen Sinne zeitlich ausweiten wollen).

Im Jahr 1903 hatten für eine längere Zeit die Diskussionen über die Öffnungszeiten und über die feilgebotenen Waren ein Ende. In der Marktordnung wurde festgelegt, dass im Zeitraum vom 11. November bis zum 24. Dezember der Markt stattfinden soll und zunächst auf die Dombögen beschränkt bleibt. Interessant ist auch, dass nur in Salzburg wohnhafte Personen dort Geschäfte tätigen durften.

Ein zwischenzeitliches Ende nahm der Markt 1932, als sich niemand mehr fand, ihn zu betreiben und somit die Einstellung erfolgte. Nach dem Zweiten Weltkrieg, Anfang der 60er-Jahre entstand in Salzburg der Weihnachtsmarkt

rund um das Schloss Mirabell neu. Als man dort eine Tiefgarage baute, wurde der Markt 1973 auf dem traditionellen Platz beim Dom angesiedelt.

Der heutige Christkindlmarkt ist aus dem Adventland Salzburg nicht mehr wegzudenken, er ist neben dem Adventsingen der touristische Magnet im Winter. Die Adventkranzsegnung nimmt der Erzbischof von Salzburg persönlich vor und dies ist immer am ersten Adventsamstag um 17 Uhr im Dom.

Jeden Tag um 17 Uhr treten im Advent vor dem Domportal Chöre aus Stadt und Land Salzburg auf und an jedem Samstag um 17.30 Uhr findet das Turmblasen am Residenzplatz statt. Das ist besonders eindrucksvoll, da die verschiedenen Ensembles auf dem Turm des Glockenspiels, auf den Dombögen und auch auf dem Balkon des Café Demel am Mozartplatz positioniert sind: musikalische Adventstimmung in 3D.

WO: Auf dem Salzburger Domplatz und dem Residenzplatz.

WANN: Von Donnerstag, eineinhalb Wochen vor dem ersten Advent, bis 26. Dezember.

INFORMATIONEN: Tourismus Salzburg GmbH, Auerspergstraße 6, 5020 Salzburg, Telefon: 0662 88 98 7-0, Internet: www.salzburg.info, E-Mail: tourist@salzburg.info, Verein Salzburger Christkindlmarkt, Julius-Raab-Platz 1, 5027 Salzburg, Telefon: 0662 8888-254, Internet: www.christkindlmarkt.co.at, E-Mail: info@christkindlmarkt.co.at

Rorate

Adventlicher Kirchenbesuch zur frühen Morgenstunde

Rorate caeli, desuper, et nubes pluant iustum." Mit diesen Worten beginnt der lateinische Introitus-Gesang (Jesaja 45,8) am vierten Adventsonntag. „Taut, ihr Himmel, von oben, ihr Wolken, lasst Gerechtigkeit regnen!", heißt es in der Einheitsübersetzung der Bibel. Die freie, viel stimmungsvollere Übersetzung „Tauet Himmel, den Gerechten, Wolken regnet Ihn herab" gehört zu den volkstümlichsten Adventliedern überhaupt. So hat das Eröffnungswort „Rorate" einer Messe den Namen gegeben, auf den kaum eine katholische Pfarrgemeinde in Österreich verzichtet. Man muss sehr früh aufstehen, denn Rorate-Gottesdienste fangen üblicherweise an, wenn es draußen noch stockdunkel ist. Vielerorts verzichtet man auf elektrisches Licht, die Gläubigen halten Kerzen in Händen. Die in früheren Jahrhunderten übliche Bezeichnung „Missa aurea" (Güldene Messe) fürs Rorate kommt daher.

Vor der Liturgiereform des Zweiten Vatikanischen Konzils waren die Rorate-Ämter Bittmessen zu Ehren Mariens. Weil nahe liegender Weise die Verkündigung durch den Engel Gabriel ein Thema der Evangelienlesung ist, wurden sie volkstümlich auch „Engelämter" genannt. Schon im 15. Jahrhundert sind Rorate-Messen bekundet. Das Motiv dieser Messe ist immer das Bitten und das Warten auf den Erlöser. Es ist eine gute Gelegenheit für Kirchenchöre und vor allem auch für kleinere Vokalgruppen, das einschlägige Liedgut zu pflegen. Gerade der Advent hat ja eine Fülle von geistlichem Volksmusikgut hervorgebracht, das in diesen Messen gerne gesungen wird.

Ein besonderer Adventgesang sind die sogenannten O-Antiphonen: spezielle Anrufungen an den letzten sieben Advent-Tagen von 17. bis 23. Dezember, die mit dem beschwörenden Ruf „O" beginnen: „O Wurzel Jesse", „O Weisheit", „O Anfang, Glanz des ewigen Lichtes" und so weiter. Obwohl die O-Antiphonen ihren eigentlichen Platz im Stundengebet der Geistlichen haben, bekommen sie nicht selten im Musikprogramm der Rorate-Messen einen repräsentativen Platz. In vielen Pfarreien sind die Teilnehmer an der Rorate-Messe danach zu einem Frühstück eingeladen.

WO: In so gut wie allen katholischen Kirchen.

WANN: Im Regelfall zur frühen Morgenstunde.

INFORMATIONEN: Gottesdienst-Wochenpläne hängen in den Kirchen aus.

Erst eins, dann zwei …

Der Adventkranz darf nirgendwo fehlen – und ist doch ein ganz junges Adventsymbol

In den 60er-Jahren – des 20. Jahrhunderts wohlgemerkt – war der Adventkranz in St. Johann in Tirol und in Brandenberg erst teilweise bekannt. In Serfaus war der Adventkranz zwar in der Kirche zu finden, aber noch nicht in den Häusern.“ Das erzählen Tiroler Volkskundler. Ja, gehört das Anzünden der Kerzen etwa nicht seit jeher zum unverzichtbaren vorweihnachtlichen Symbol-Inventar? Nicht zu Unrecht hat die Journalistin Helga Maria Wolf, eine Kennerin österreichischen Brauchtums wie wenige, den Adventkranz einmal leicht abschätzig in den „Jahreslauf der Büro-Folklore“ eingeordnet. Sprich: Ohne Adventkranz geht gar nichts – oder, wie es die Salzburger Volkskundlerin Ulrike Kammerhofer-Aggermann formuliert: „Wie der Christbaum ist er auch für Menschen ohne religiöses Bekenntnis ein unverzichtbares Requisit, das Ruhe, Besinnung und die Werte zwischenmenschlicher Kommunikation ins Bewusstsein ruft.“

Und doch bürgerte sich der Adventkranz im Alpenraum erst Mitte des 20. Jahrhunderts ein, zuerst in den Städten und sehr zögerlich auch auf dem Land. Als sein Erfinder gilt der Initiator des Diakonie-Gedankens, der evangelische Theologe Johann Hinrich Wichern (1808–1881). In seinem „Rauhen Haus“, einer Wohnstätte für sozial gefährdete Jugendliche in einem alten Hamburger Bauernhaus, hängte er 1839 einen Holzleuchter mit vier großen und 19 kleinen Kerzen (für die Wochentage) auf. Der Schmuck mit Reisig (ab 1860) führte im Lauf des späten 19. Jahrhunderts zur Ausbildung des Adventkranzes, wie wir ihn kennen. Er verbreitete sich zuerst in den protestantischen Gemeinden. Deutsche bündische Jugendbewegungen haben mit ihren „Julpyramiden“ und dergleichen Lichtsymbolen indirekt dem Adventkranz zugearbeitet. Übrigens: Da ging man anders vor als beim heutigen Adventkranz, es wurde jede Woche eine Kerze weniger angezündet. Am Jul-Lichtfest (zu Winterbeginn) sollte ja das Licht umso stärker zur Wirkung kommen. Im Ersten Weltkrieg kamen Adventkränze als Hoffnungszeichen in die Lazarette. So ging es nach und nach, wenn auch schleppend, mit dem Adventkranz auch in katholischen Landen bergauf.

Als Adventszeit galten ursprünglich die Tage vom 11. November bis zum ursprünglichen Weihnachtstermin, dem Fest Epiphanie (Hl. Drei Könige, 6. Jänner) – das war, die Sonntage und damaligen Feiertage weggerechnet, eine Fastenzeit von 40 Tagen. In der Mailänder Liturgie war und ist der Advent seit jeher sechs Wochen lang, und so hält es bis heute auch die Ostkirche: Sie lässt den Advent mit dem 15. November beginnen, und zwar dezidiert als Zeit der Enthaltsamkeit mit drei Wochen leichtem Fasten (mit Fisch) und drei Wochen mittelschwerem Fasten (nicht einmal Fisch).

Da haben wir es besser, Advent gilt in katholischen Landen nicht als Fasten-, sondern als Besinnungs- und Vorbereitungszeit. Am dritten Adventsonntag gewinnt sogar die Vorfreude Oberhand. Da beginnt der die Messe einleitende gregorianische Gesang mit dem Wort „Gaudete“ (Freuet euch). Das ist der Moment, an dem die eine rosafarbene Kerze am Kranz entzündet wird. Übrigens: Der jeweilige Sonn- oder Feiertag beginnt nach kirchlichem Verständnis immer schon am Vorabend. Also wird die nächste Kerze schon am Samstag nach Sonnenuntergang entzündet.

WO: Einfach überall …

WANN: Vom ersten Adventsonntag (zwischen 27. November und 3. Dezember) bis zum Abend des 24. Dezember.

Post im Hause Davids

Die Weihnachtsstadt Steyr – touristische und postalische Christkindl-Schaltzentrale

Auf dem Holzweg ist, wer glaubt, dass angesichts des frommen Anlasses sogar die österreichischen Postbeamten ihre Bibelfestigkeit beweisen mussten: Man hat am 15. Dezember 1950 deshalb im Hause Davids das erste Christkindl-Postamt eingerichtet, weil der Wirt neben der Wallfahrtskirche eben Georg David hieß. In seiner Wirtsstube fand das Sonderpostamt Platz. Die Idee zu einem Weihnachtspostamt in Christkindl hatte übrigens ein amerikanischer Besatzungsoffizier nach dem Zweiten Weltkrieg. Der Briefmarkensammler Otto Trauner aus Steyr hat schließlich Lobbying betrieben und der Generalpostverwaltung in Wien ein Sonderpostamt schmackhaft gemacht.

Gleich im ersten Jahr – vor sechs Jahrzehnten also – bekamen 42.000 Sendungen den Sonderstempel vom „Postamt Christkindl". 1965 hat die Zahl der Briefsendungen erstmals die Millionengrenze überschritten. Beim Postamt Christkindl finden jeweils zwei Sonderpoststempel Verwendung: Vom Eröffnungstag bis zum 26. Dezember wird ein Stempel mit einem Weihnachtsmotiv aufgedrückt, bis zum 6. Jänner einer mit dem Motiv der Heiligen Drei Könige. Derzeit gehen über zwei Millionen Weihnachtssendungen via Christkindl in alle Welt.

Dass die Kirche aus dem frühen 18. Jahrhundert eine alte Wallfahrt ist, daran erinnern sich vielleicht gar nicht so viele der Besucher, die jeden Advent scharenweise natürlich nicht nur in der Adventstadt Steyr einfallen, sondern auch im nahen Christkindl.

Bei passendem Wetter ist es ein schöner Spaziergang über den historischen Stadtplatz von Steyr, über den Pfarrberg weiter bis zum Christkindlweg am Rande der Christkindlsiedlung. Zurück wandert man entweder auf derselben Strecke oder man geht über die Engelsstiege hinunter in den kleinen Vorort Unterhimmel. Wie stimmig hier doch alles zusammenpasst!

Hoffentlich vergessen nicht zu viele Christkindl-Besucher im Gedränge darauf, das „echte" Christkindl anzuschauen: Die Gnadenfigur ist am Hochaltar in einem kleinen, von einem Strahlenkranz umgebenen Schrein oberhalb des als Weltkugel geformten Tabernakels zu finden.

Klar, dass man auch im Krippenmuseum von Christkindl vorbeischaut. Die Attraktion dort ist die mechanische Krippe von Karl Klauda (1855–1939). Sie hat ein (für damalige Verhältnisse) Hightech-Innenleben, eine raffinierte Bewegungsübertragung mit Fahrradketten und Zahnrädern. So bewegt sich mehr als die Hälfte der fast 300 geschnitzten Figuren in acht Kreisen durch die biblische Landschaft: Im Zentrum ist die Heilige Familie mit Hirten zu sehen. Ein heilsgeschichtlicher Zug zeigt Adam und Eva, alttestamentarische Figuren, gefolgt von Jesus mit den Aposteln und historischen Figuren. Der Einzug der Heiligen Drei Könige und die Flucht nach Ägypten sind ebenso bewegt wie originelle Darstellungen aus dem heimischen und orientalischen Leben. – Sehenswert im Krippenmuseum (im Pfarrhof Christkindl) ist auch die Südtiroler „Pöttmesser-Krippe" (Bild). 58 Quadratmeter nimmt sie ein, mit 778 bis zu 30 cm großen Figuren! Auch in Steyr ist, beginnend mit dem ersten Advent und bis Dreikönig, eine

Kripperlroas angesagt. Man kann sie zu Fuß angehen oder mit zwei Oldtimer-Bussen. Ein paar Highlights nur: In der ehemaligen Turmkapelle des alten Wehrturms bei der Stadtpfarrkirche ist jene „Waggonkrippe" zu sehen, die von 1990 bis 1997 zugunsten der Aktion „Licht ins Dunkel" auf Schiene durch den gesamten deutschsprachigen Raum unterwegs war. Vom „Steyrer Kripperl", einem der ganz wenigen Krippen-Puppentheater im deutschen Sprachraum, ist in diesem Buch andernorts die Rede.

Im Innenhof des Rathauses gibt es eine Bretterkrippe, auf dem Stadtplatz einen Krippenbaum, am Zusammenfluss von Steyr und Enns steht die „Flößerkrippe". Im Pfarrhof der nahen Michaelerkirche sind über 300 Krippen aus vier Jahrhunderten und 35 Ländern zu bewundern. Noch nicht die Rede war von der Bethlehem-Krippe (einem Geschenk der Partnerstadt Bethlehem) sowie den über 200 historischen Krippenfiguren aus der Sammlung des Grafen Lamberg im Museum der Stadt Steyr.

Eine weitere Attraktion ist das „Erste Österreichische Weihnachtsmuseum": Mit der Erlebnisbahn geht es vorbei an liebevoll geschmückten Kojen, in denen „Österreichische Weihnachten anno dazumal" und „Weihnachten aus aller Welt" dargestellt werden. Höhepunkt der Rundfahrt ist die Engelwerkstatt im Dachgeschoss, wo zahlreiche Engel malen, basteln, backen ... Auch für Erwachsene lohnend sind die Schauräume, in denen die Wiener Christbaumschmuck-Sammlerin Elfriede Kreuzberger einen Gutteil ihrer über 18.000 Objekte zählenden Sammlung aus den Jahren 1830 bis 1945 zeigt – es soll die größte einschlägige Kollektion der Welt sein.

WO: Christkindl ist eine Fußwanderung von Steyr (Oberösterreich) entfernt.

WANN: Weihnachtspostamt, Krippenschauplätze sowie das 1. Österreichische Weihnachtsmuseum im Stadtzentrum von Steyr haben den gesamten Advent hindurch bis Dreikönig geöffnet.

INFORMATIONEN: Tourismusverband Steyr, Stadtplatz 27, 4402 Steyr, Telefon: 07252 53 229-0, Internet: www.steyr.info, E-Mail: info@steyr.info
Das Weihnachtspostamt hat die Postleitzahl 4411.
Wie die Weihnachtspost via Christkindl abgewickelt wird, verrät die Homepage www.christkindl.at.

Für Textvergesser und Melodienverdreher

Ein Impuls vom „Büro für Weihnachtslieder" – Vom „Liederstandl" in die Neuen Medien

Die Liste ist ellenlang, alphabetisch von „A baby born in Bethlehem" bis „Zwölfi hat's gschlagn": Unter den rund 20.000 Liedertiteln findet sich also sowohl etwas für Traditions-Puristen als auch für solche Menschen, die weihnachtsliedermäßig auch gerne dann und wann fremdgehen. Das imposante Liedregister steht im Internet.

In der Vorweihnachtszeit müssen die Mitarbeiterinnen des Steirischen Volksliedwerks jeden Tag mehr als 50 Anfragen beantworten, erzählt Eva Maria Hois, Leiterin des „Büros für Weihnachtslieder". Viele dieser Anfragen kommen über Telefon und Internet, und das nicht nur aus Österreich, vor allem auch aus dem benachbarten Ausland. Neben Weihnachtsliedern sind im Register auch rund 25.000 Weihnachtsgeschichten und -gedichte zu finden. Alljährlich werden auch Liederhefte mit den bekanntesten und beliebtesten Weihnachtsliedern aufgelegt.

Was kann man sich unter einem „Büro für Weihnachtslieder" vorstellen? Es ist etwas für Menschen, die sich noch dunkel daran erinnern können, dass es schön war, selbst zu singen. Hier wird notorischen Textvergessern und Melodienverdrehern gerne weitergeholfen. Der Initiative lag die Idee zugrunde, sangesfreudigen Menschen eine Informationsstelle zu bieten und – gleichsam nebenbei – „Laufkundschaft" dezent daran zu erinnern, dass man „Stille Nacht" oder „Zu Bethlehem geboren" auch anders als mit Hilfe einer CD umsetzen kann.

So also wurde erstmals im Jahr 1991 zuerst im Grazer Stadtmuseum das Büro für Weihnachtslieder eingerichtet. Später bezog man eine mobile Holzhütte, die auf dem Grazer Hauptplatz, im Landhaushof und in einem Einkaufszentrum aufgestellt wurde. Derzeit ist man wieder ortsfest, und zwar im Steirischen Heimatwerk in der Sporgasse, wo im dritten Stock auch das Volksliedwerk untergebracht ist. Sangeserfahrene und notenkundige Mitarbeiter stehen bereit. Es gebe, so heißt es, kaum eine Frage, die sie nicht beantworten können, und kaum einen unerfüllbaren Liederwunsch.

Monika Primas, Geschäftsführerin des Steirischen Volksliedwerks: „Das ‚Büro für Weihnachtslieder' öffnet 2010 zum zwanzigsten Mal seine Pforten. Es ist aus der Vorweihnachtszeit einfach nicht mehr wegzudenken. Jeder Gast ist uns herzlich willkommen, jedem wollen wir behilflich sein!"

Der Liederdienst des Steirischen Volksliedwerks steht ganzjährig zur Verfügung und ist mehr als bloß eine Hilfe, um sich von den Titeln wieder auf

Die schönsten Lieder Österreichs
Die schönsten

die Fährte von Melodien aus der Jugendzeit bringen zu lassen. Bis zu zehn Titel können ausgewählt werden, die Notenblätter kommen postwendend ins Haus: gratis für Mitglieder des „Steirischen Volksliedwerks“, für die anderen Sangesfreudigen gegen eine freiwillige Spende.

Eine vehemente Initiative gegen das planlos-lautstarke Überschwemmen der Geschäfte mit Weihnachtsliedern stand am Beginn der Bestrebungen, die schließlich 1991 zur Einrichtung des „Büros für Weihnachtslieder“ führten. „Engel singen Jubellieder“ vom Tonband, im Licht von elektrischen Christbaumkerzen an einem mit funkelndem Lametta-Kitsch dekorierten Tannenbaum auf halbem Weg zwischen der Käse- und der Frischfleischabteilung – das ist das Supermarkt-Schreckgespenst für Leute, die sich ernsthaft für Volksmusik engagieren. „Still, still, still – weihnachtsliederfrei einkaufen“ stand auf einer Klebeplakette, die das Steirische Volksliedwerk vor einigen Jahren verteilen ließ. Darauf ist ein Kind zu sehen, das sich mit dicken Wollhandschuhen die Ohren zuhält. Der Passiv-Berieselung tritt man seither mit einer hartnäckigen „Initiative zum Selbersingen“ entgegen.

Es hat bald Nachahmer gegeben: 1993 hat das Niederösterreichische Volksliedwerk die „Gemischte Lieder- und Brauchhandlung“ eröffnet – unterdessen mit Filialen auf dem Altwiener Christkindlmarkt und einigen anderen Weihnachtsmärkten in Niederösterreich. In Salzburg hat man 1996 ein „Adventliederstandl“ eingerichtet und seit 1990 gibt es im Romanischen Keller in der Innenstadt die Noteninitiative „Weihnachtslieder schenken“.

Der attraktive Internetaufritt mit Möglichkeit zur Liederabfrage zeigt, dass diese erfindungsreichen Liedgut-Vermittler keine weltfremden Nostalgiker und auch keine unverbesserlichen Romantiker sind. Man nutzt zeitgemäße Werbemöglichkeiten, eben auch die elektronischen Medien. Die weite Welt trifft sich hier im Weihnachtslied. Also: Auf, auf, zum (selber!) Singen! Allein an die 200 Advent- und Weihnachtslieder beginnen mit dem anspornenden Ruf „Auf!“

WO: Im Steirischen Heimatwerk, Graz, Sporgasse 23, 8010 Graz.
Seit einigen Jahren gibt es eine Außenstelle des Weihnachtsliederbüros am Mariazeller Advent (Steiermark).

WANN: Den ganzen Advent hindurch bis 23. Dezember, Mo–Fr 9–18 Uhr, Sa und Feiertags 10–18 Uhr. In Mariazell an den Adventwochenenden von Fr–So und am 8. Dezember.

INFORMATIONEN: Telefon: 0316 90 86 35 (Büro), 0316 90 86 35-52 (Liederdienst), Internet: www.steirisches-volksliedwerk.at, E-Mail: weihnachtslieder@steirisches-volksliedwerk.at – Erfreulicherweise sind auch schon in anderen Bundesländern ähnliche Initiativen entstanden: www.volksliedwerk.at.

Maroni aus der Gottschee

Was sind schon Glühwein, Punsch und Bratkartoffeln gegen die Früchte des Maronibraters?

Er ist nicht wegzudenken aus vielen Städten im Advent, vor allem im Osten und im Süden Österreichs – und in Wien hat er es sogar zur winterlichen Volkstypen-Figur gebracht: der Maronibrater. Mag ja sein, dass die Glühweinstände und jene mit den Ofenkartoffeln den Maronibrater etwas ins Hintertreffen geraten lassen – aber was wäre ein winterlicher Stadtbummel ohne das Zeitungsstanitzel mit dem obligaten Viertel Maroni. Das Maß ist ja verschieden: Mancherorts werden die auf dem zylinderförmigen Holzkohleofen gebratenen, regelmäßig durchgerüttelten, meist einfach eingeschnittenen Edelkastanien stückweise verkauft. Die klassische Art ist aber das Abmessen mit dem blechernen Viertel-Maß. Das gehört fast so dazu wie das aus alten Tageszeitungsseiten gedrehte Papierstanitzel.

Übrigens: Dass sich die Maronibrater neben den Kollegen von den Punschständen nicht zu behaupten wüssten, ist glücklicherweise bloß ein Gerücht. Rund 190 Unternehmen betreiben derzeit in Wien wintersüber 250 Stände. In ganz Österreich sind an die 1000 Maronibrater am Werk; manche führen auch Ofenkartoffeln oder gar Kartoffelpuffer. Aber das ist ein schon beinah unverzeihlicher Stilbruch. 27,7 Millionen Portionen Maroni werden pro Saison verkauft. Die Umsätze können sich sehen lassen: Rund 75 Millionen Euro werden angeblich an den Maronistandln erwirtschaftet! Das ist mehr als in einem ganzen Jahr im österreichischen Lebensmittelhandel für Energy Drinks ausgegeben wird, hat eine Wirtschaftsstudie ergeben. Allein in Wien erwirtschaften demnach Maronibrater an die 19 Millionen Euro.

Die Maronibraterei war ursprünglich durch ein Patent von Maria Theresia nur Wanderhändlern aus Slowenien, genauer: aus der deutschen Sprachinsel Gottschee, vorbehalten. Das Hausierpatent hatte die Bevölkerung der Gottschee (im Süden Sloweniens) schon seit dem Mittelalter. Das Maronibraten war für sie ein durchaus logischer Erwerbszweig, denn in slowenischen Wäldern gedeihen die Edelkastanien in großer Zahl. Angeblich gibt es bis heute einen ansehnlichen Prozentsatz von Slowenen unter den Wiener Maronibratern.

Maronibraterei ist ein freies Gewerbe, das von jedem ausgeübt werden kann: „Verkauf von gebratenen Kartoffeln und gebratenen Früchten auf der Straße" heißt der Erwerbszweig. Die zuständige Wiener Marktamtsdirektion vergibt für den jeweiligen Standort die „Gebrauchserlaubnis für einen transportablen Maroniverkaufsstand".

Ein interessantes kulturgeschichtliches Detail: Nicht nur im Mittelmeergebiet waren und sind Esskastanien ein wichtiges Nahrungsmittel, ähnlich dem Erdapfel hierzulande. Auch in den schweizerischen und italienischen Südalpentälern baute man seinerzeit auf die Maroni. Ein Baum pro Kopf (das sind 100 bis 120 Kilogramm Maroni jährlich) sicherte eine gute Basisversorgung der Bevölkerung.

WO: Der Maronibrater ist in Wien eine bekannte Volkstype, es gibt Maronistände traditionellerweise aber auch in Graz und unterdessen sind Maronistände in ganz Österreich verbreitet.

WANN: In den Wintermonaten.

Barbarazweige

Ein „heiliges Madl", das einen toten Zweig zum Erblühen brachte

Wie kommt die heilige Barbara zu den Kirschzweigen? Eigentlich ist die Dame ja die Patronin der Bergleute, und sie hat nicht ursächlich mit dem Advent zu tun.

Einer der in den Familien weitverbreiteten Adventbräuche jedenfalls ist das Schneiden und Einwässern von Barbarazweigen: Am Gedenktag, dem 4. Dezember, werden die Kirschzweige (manchmal auch Apfelzweige) in eine Vase gestellt. Bis Weihnachten sollen sie Blüten treiben – als Sinnbild für die Geburt des Erlösers, ein Aufblühen einer neuen Zeit. Andere sehen darin ein Zeichen der Aufmunterung: Der nächste Frühling kommt bestimmt. Und ein Aberglaube besagt, dass – wenn Blüten aufgehen – eine Hochzeit ins Haus steht.

Barbara ist historisch ungesichert wie viele der christlichen Urheiligen und daher längst aus dem offiziellen römischen Heiligenkalender eliminiert. Die Legende berichtet, sie hätte einen Heiden heiraten sollen, wehrte sich dagegen und floh vor ihrem Vater (der sie in einem Turm gefangen hielt). Die Felsen öffneten sich, um die Fliehende zu verbergen (deshalb wurde sie nachmals zur Patronin der Bergleute). Doch sie wurde verraten, machte manche Tortur durch und wurde schließlich vom eigenen Vater enthauptet.

Auf dem Weg ins Gefängnis soll sich ein Kirschzweig in Barbaras Kleid verfangen haben. Sie stellte ihn in einen kleinen Krug, und er soll gerade am Tag ihrer Hinrichtung erblüht sein. – Nach anderer Legende seien auf ihrem Grab Blumen sonder Zahl gewachsen.

Barbara gehört zu den volkstümlichsten Heiligen, gemeinsam mit Katharina und Margareta zur Gruppe der „drei heiligen Madeln" (Bauernpatroninnen). Es gibt einen volkstümlichen Vers, der auch gleich verrät, an welchen Attributen man die drei glaubensstarken Damen in Bilddarstellungen erkennt: „Margareta mit dem Wurm, / Barbara mit dem Turm, / Katharina mit dem Radl, / das sind die drei heiligen Madl." Gemeinsam mit der heiligen Dorothea zählen die drei zu den „quattuor virgines capitales" und diese wieder zu den vierzehn Nothelfern.

In Niederösterreich tragen die Frauen beim Kirchgang noch heute Barbarazweige, die während der Messfeier geweiht werden. Dort erhielt früher auch jedes Familienmitglied einen eigenen Zweig, um daraus sein Glück ableiten zu können.

Im Burgenland ist die Tellersaat des Barbara-Weizens als winterliches Grün bekannt: Man streut Weizen- oder Gerstenkörner auf einen flachen Teller, begießt sie mit Wasser und stellt das Ganze an einem geschützten Ort warm.

Bis Weihnachten geht die Saat auf und bildet einen dichten grünen Busch, in den man als Hinweis auf das Licht der Welt, eben Christus, eine Kerze stellt.

Der 4. Dezember als Gedenktag kommt nicht von ungefähr: Frau Holle, Bertha, Perchta, Holda und andere verzauberten Gestalten aus der nordischen Mythenwelt erschienen am Vortag und erschreckten die Menschen. Bergleute stellen nach altem Brauch in der Barbara-Nacht Essen und Trinken für die „Bergmandln“ bereit und sie schützen sich vor der Einfahrt ins Bergwerk durch das Entzünden des Barbara-Lichts. Aber das sind andere Geschichten: Denn als Bergbau-Heilige gibt es ja weiteres reichhaltiges Brauchtum an diesem Tag, zum Beispiel den „Ledersprung“, mit dem Bergleute in ihren Stand aufgenommen werden.

WO: Ein typischer Familienbrauch.

WANN: Am 4. Dezember werden die Barbarazweige eingefrischt, am Heiligen Abend sollen sie blühen.

Den Nikolaus herbeiläuten

Das „Klosöschealla" in Lustenau soll den Heiligen auf brave Kinder aufmerksam machen

So sehr Brauchtum vielerorts boomt, so sehr sich auch Vereine und touristische Initiativen dafür stark machen: Es gibt auch liebenswerte regionaltypische Bräuche, die erstaunlicherweise noch auf ihre Wiederverbreitung warten. Dazu zählt zum Beispiel das „Klosöschealla" in Lustenau, für dessen Revitalisierung aber zumindest schon Impulse gesetzt werden.

Lustenau ist ein Ort sozusagen im Weichbild von Bregenz. „Wir wachsen im Rheintal allmählich zu einer einzigen Stadt zusammen", sagt ein Kenner der Situation auf die Frage, warum eigentlich in Vorarlberg das Brauchtum gar keine so große Rolle spielt, jedenfalls eine deutlich geringere als bei den Tiroler Nachbarn auf der anderen Seite des Arlbergs. Selbst im Walsertal, wo man eine gewisse kulturelle Eigenständigkeit erwarten sollte, scheint die Beharrlichkeit der Natur stärker als jene des Verhaltens der Leute. Jedenfalls ist der „Biosphärenpark Walsertal" eine europäisch anerkannte Rückzugs- und Naturschutzregion. Nach einem speziellen Brauchtum fragt man dort vergeblich, wie an den meisten Orten im Ländle.

Zurück zum Klosöschealla. Die Wörter „Klaus“ (Nikolaus) und „schellen“ stecken in dem Mundartbegriff. Kinder zogen einst in kleinen Gruppen mit Kuhglöckchen in der Dämmerung des Krampusabends (5. Dezember) durch die Straßen, um den heiligen Nikolaus auf sich aufmerksam zu machen. Eine Glocke mit Handgriff – das ist eigentlich schon alles, was man dazu braucht. „Zwischendurch war der Brauch schon fast vorbei, aber seit einigen Jahren wird er wieder verstärkt betrieben“, sagt der Historiker und Archivar in Lustenau, Wolfgang Scheffknecht. Der Pfarrer des Ortes bestätigt: „Ein noch halbwegs geübter Brauch.“ Aber er schränkt ein: „Ich glaube nicht, dass er ohne einen Anstoß leben würde.“

Einen solchen Anstoß hat vor einigen Jahren die Marktverwaltung der Gemeinde Lustenau gegeben: Es gibt nämlich einen Nikolausmarkt am Ort, jeweils am Freitagnachmittag vor dem Nikolausfest. Kunstgewerbeerzeugnisse und Weihnachtsartikel werden dort angeboten. Auf Initiative des Marktamtes werden seither Schellen vertrieben und die Volksschulkinder dazu animiert, Klosöschealla zu gehen. Sie werden von einer Pferdekutsche begleitet – und danach kommt der Nikolaus zur Bescherung.

WO: Am Nikolausmarkt in Lustenau, Vorarlberg.

WANN: Ein Straßenbrauch jeweils am Freitagnachmittag vor dem 6. Dezember.

INFORMATIONEN: Marktgemeinde Lustenau, Rathausstraße 1, 6890 Lustenau, Telefon 05577 8181-306, Internet: www.lustenau.at, E-Mail: gemeindeamt@lustenau.at

„Naschsachen – kein Computerspiel“

Das „Nikolo-Schifferlsetzen“ im Mariazeller Land
lebt neuerdings wieder auf

’S Niglo-Schifferlsetzen is a zellerischer Brauch, is a liabs, a altes Herkemman, i bitt Eng recht freundli, laßt’s den doh nit auf, tat’s den Kindern die Freud’ nit wegnehma.“ Die verstorbene Schulrätin Immaculata Waid, Mitbegründerin des Mariazeller Heimathauses und Brauchtumskennerin, hat sich für den Brauch des „Schifferlsetzens“ höchst engagiert eingesetzt. Und siehe da. Dank dem Bemühen einiger Leute und vor allem auch Dank großem Verständnis bei Geschäftsleuten ist dieser liebenswürdige Brauch im Mariazeller Land neu aufgelebt.

Zum Patron der Schiffer und Seeleute ist der heilige Nikolaus geworden, weil frommer Legende nach auf seine Fürbitte hin das Meer ruhig geworden ist und damit die arg geschaukelten Seeleute in der Ägäis, die schon fest mit dem Tod gerechnet hatten, gerettet worden sein sollen. – Aber wie kommt es in einer Gegend, in der weit und breit kein größerer See und schon gar kein Meer ist, zu einem Brauch wie dem Schifferlsetzen? In Mariazell ist das Schifferlsetzen zudem ein Brauch, der sich durch und durch im Trockenen abspielt.

Über 100 Kinder kommen, wenn im Heimathaus das Schifferlbasteln angesagt ist. Die Kinder verzieren die aus buntem, mit Vorliebe rotem Papier gefalteten Schiffchen mit Gold- und Silberstreifen. Sogar mit Mast und Seilen (Stäbchen und Fäden) werden manche bestückt. Vor allem aber mit einem Spruche und mit dem Namen des Kindes. Während die Kinder im ersten Stock des Heimathauses ihre Schifferl basteln, werden die Eltern im Erdgeschoß mit Kaffee und selbst gemachten Mehlspeisen verwöhnt.

Am Vorabend des Nikolaustages setzen sie das „Schifferl" ganz heimlich bei Verwandten oder Paten – im Volksmund „Göd" und „Godl" genannt – im Hausflur oder in der Wohnung ab. Auch beim Stammkaufhaus oder beim Wirt werden die Schifferl gerne hingestellt. Bevor irgendjemand etwas wahrnimmt, ist der Setzer auch schon wieder verschwunden. Mit einem „Bitt schön um mein Schiff!" wird am Nikolaustag das mit Süßigkeiten, Äpfel, Nüssen und Lebzelten gefüllte „Schifferl" abgeholt.

„Ursprünglich kamen arme Bauernkinder zu den reichen Bürgerfamilien und wurden mit Äpfeln, Nüssen und Lebkuchen beschenkt", so erklärt Andreas Schweighofer vom Heimathaus Mariazell den Brauch des Schifferlsetzens. Arme Leute erbettelten auf diese charmante Weise Gaben, meist Mehl oder andere Grundnahrungsmittel. Ein klassischer Heischebrauch also, der einen sozialen Zweck erfüllte. Der Gabenbringer Nikolaus, um den sich so manche einschlägige Legende rankt, eignete sich vorzüglich dafür.

„Mit alten Fotos wird den Kindern der Brauch näher gebracht", sagt Andreas Schweighofer. Es gibt auch einen Film zum Thema. „Auch den Gewerbetreibenden haben wir die historischen Grundlagen vermittelt." Was erfreulich ist: Die Geschäftsleute im Mariazeller Land spielen mit. „Mein Sohn hat bis zu 15 Schifferl gesetzt, vom Billa bis zum Nachbarn!"

Seit zehn Jahren ungefähr ist das Schifferlsetzen wieder gang und gäbe. Was die Brauchtumspfleger besonders freut: In den Schifferln landen immer noch die traditionellen Nikolausgaben „Naschsachen – aber kein Computerspiel."

WO: Im Mariazeller Land (Steiermark).

WANN: Schifferlbasteln im Museum (Heimathaus Mariazell) am ersten Adventsonntag nachmittags. Die Schifferl werden am Vorabend des Nikolausfestes (5. Dezember) unbemerkt gesetzt. Am Morgen darauf werden die mit Äpfeln, Nüssen, Schokolade und Lebzelten gefüllten Schifferl abgeholt.

INFORMATIONEN: Heimathaus Mariazell, Andreas Schweighofer, Wiener Straße 35, 8630 Mariazell, Telefon: 03882 43126, Internet: www.mariazeller-heimathaus.at, E-Mail: mariazeller.heimathaus@aon.at

Fromme Gebete auf dem Kerbholz

Der „Såniklasstab" in Ischgl

Der Nikolaustag war und ist ein ganz besonderes Fest in der Tiroler Wintersportgemeinde Ischgl – auch wenn sie sich heutzutage ganz trendy gibt und sich intensiv zeitgeistig vermarktet. Nikolaus ist der Pfarrpatron des Hauptortes im Paznauntal. Und deshalb war das auch der Tag, an dem Kinder in dieser Talschaft Geschenke bekommen haben, erzählt Oberschulrat Josef Parth. „Früher der einzige Geschenketag im Jahr", wie er betont.

Wie findet oder fand der heilige Nikolaus die braven, frommen Kinder heraus? Der Såniklasstab (auch Såniklassttöckla oder Såniklasspå) war ein wichtiges Beweisstück: ein massives Tannenholz mit ungefähr quadratischem Querschnitt (drei bis vier Zentimeter), zwischen 30 und 60 Zentimeter lang. Früher, so erzählt der alte Oberschulrat, hatte jedes Kind in Ischgl und den Dörfern in der Umgebung einen solchen Stab, in den für jedes Gebet ein bestimmtes Zeichen eingeschnitten wurde.

Eine Kerbe an den Kanten stand für ein „Vaterunser" mit angeschlossenem „Ave Maria". Das Glaubensbekenntnis wurde mit einem geraden Strich festgehalten. Der Rosenkranz war ein in die Fläche geschnittenes „X" wert, und wehe dem Kind, das dem heiligen Nikolaus ein „U" für ein „X" vormachen wollte! Ein punktförmiger Einschnitt schließlich stand fürs Schutzengelgebet.

„Jetzt sind ja viele Frauen von auswärts hier", klagt der brauchtumsbewusste Schulmann Josef Parth, der noch originale Såniklasstäbe besitzt. Da geraten solche Gepflogenheiten natürlich rasch in Vergessenheit. „Aber in der Schule machen sie auch heute noch Såniklasstäbe, allerdings mit Kerben nicht für spezielle Gebete, sondern für gute Taten."

Nikolausfeiern sind in dieser Talschaft im Übrigen eine Einführung neuesten Datums. Früher war es so, dass der „Såniklasstab" am Abend des 5. Dezember in der Stube auf einen Teller gelegt wurde. Am nächsten Morgen lagen dann die (bescheidenen) Geschenke da. Ein notwendiges Stück zum Anziehen zum Beispiel, oder gar eine Orange. – Überliefert ist auch, dass sich während des abendlichen Rosenkranzgebets, dem an dem Tag unter anderem speziell eine Fürbitte an den heiligen Nikolaus beigefügt wurde, plötzlich der Såniklas „inköglat". Was ist das für ein Wort? Es gab ein Poltern draußen, und dann rollten Nüsse, Äpfel, Süßigkeiten von dem für die Kinder unsichtbaren Nikolaus durch die Stubentür herein. Sie wurden also „eingekegelt".

Und wenn ein Kind gemogelt hat? Dann hat der Nikolaus, der Schwindler selbstverständlich zu enttarnen wusste, den Stab zerbrochen oder über einer Kerze angerußt. Nikolaus ist natürlich nicht auf einem Rentierschlitten

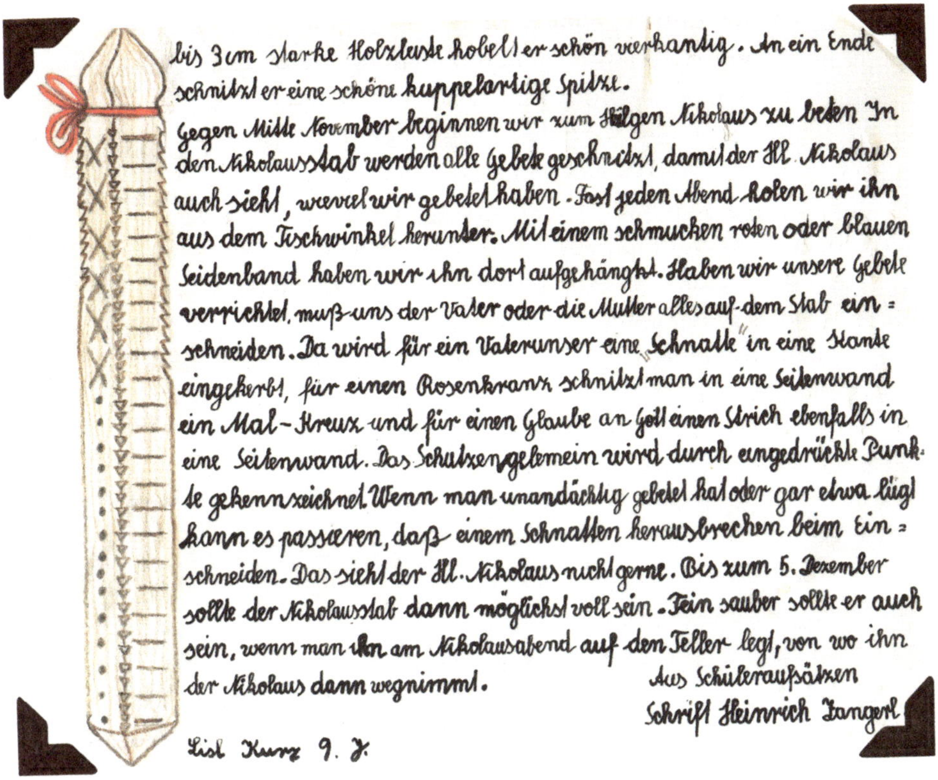
bis 3 cm starke Holzleiste hobelt er schön vierkantig. An ein Ende schnitzt er eine schöne kuppelartige Spitze.
Gegen Mitte November beginnen wir zum Heiligen Nikolaus zu beten In den Nikolausstab werden alle Gebete geschnitzt, damit der Hl. Nikolaus auch sieht, wieviel wir gebetet haben. Fast jeden Abend holen wir ihn aus dem Tischwinkel herunter. Mit einem schmucken roten oder blauen Seidenband haben wir ihn dort aufgehängt. Haben wir unsere Gebete verrichtet, muß uns der Vater oder die Mutter alles auf dem Stab ein= schneiden. Da wird für ein Vaterunser eine „Schnalle“ in eine Kante eingekerbt, für einen Rosenkranz schnitzt man in eine Seitenwand ein Mal-Kreuz und für einen Glaube an Gott einen Strich ebenfalls in eine Seitenwand. Das Schutzengelgebet wird durch eingedrückte Punkte gekennzeichnet. Wenn man unandächtig gebetet hat oder gar etwa lügt kann es passieren, daß einem Schnallen herausbrechen beim Ein= schneiden. Das sieht der Hl. Nikolaus nicht gerne. Bis zum 5. Dezember sollte der Nikolausstab dann möglichst voll sein. Fein sauber sollte er auch sein, wenn man ihn am Nikolausabend auf den Teller legt, von wo ihn der Nikolaus dann wegnimmt.

Aus Schüleraufsätzen
Schrift Heinrich Tangerl

Lisl Kurz 9. J.

ins Paznauntal gekommen (einen solchen least er höchstens neuerdings vom Weihnachtsmann), sondern ein Esel hat die Geschenke getragen. Ihm wurde etwas Heu in den Hausgang gelegt.

„Såniklasstab“ ist eine Verballhornung: „Sanna“ – mit kurzem „a“ gesprochen – steht in der regionalen Mundart für „Sankt“, Niklas für „Nikolaus“. Auch in Vorarlberger Talschaften hat sich der Usus – wohl ein alter Walser Brauch, wie Oberschulrat Parth vermutet – lange Zeit gehalten, wird aber heute kaum noch irgendwo ausgeübt. Dort heißt der Stab „Klausenholz“ oder, wie man es im dortigen Dialekt ausspricht, „Klosöholz“.

Üblicherweise ist es nicht empfehlenswert, etwas auf dem Kerbholz zu haben. Im Tiroler Paznauntal und in Vorarlberg ist es genau umgekehrt. Zumindest am Tag des heiligen Nikolaus, zu dem man hier „Såniklaståg“ sagt.

WO: Ein Hausbrauch für Kinder im Tiroler Paznauntal und in Vorarlberg.

WANN: In der Nacht vom 5. auf den 6. Dezember.

Die „Niglon" kommen!

Das „Mitterndorfer Nikolospiel": Ein „Jedermann" als vorweihnachtliches Volksschauspiel

Ein scharfer Peitschenknall, Schellengeläut und dumpfes Grollen: Die Niglon kommen! 80 Laiendarsteller sind unterwegs, 50 davon als Krampusse, die hier „Niglon" heißen. Man kann sich das Getöse gut vorstellen – höllisch, keine Frage.

Die „Schab" gehen dem Zug voran. Es sind Wesen, die wie lebendig gewordene Heumandln aussehen: Die Umhänge bestehen aus Strohbündeln. Aus dem Stroh, das natürlich auch die Köpfe bedeckt, wachsen meterhohe, strohumwundene Holz-Hörner. Weit müsse man fahren, um das Stroh zu besorgen: „Bis an die tschechische Grenze", erzählt Franz Strick. Der Mesner, Ortschronist und Marterl-Konservator wacht seit 1960 über das Mitterndorfer Nikolospiel; er lädt jeden Spieler persönlich ein.

Die Schab tragen Peitschen, sogenannte „Goaßln", mit denen sie im Sechser- oder Achtertakt schnalzen. Dann eilen die Mesner mit ihren Klingelbeuteln herbei. Paarweise folgen die übrigen Gestalten, zuerst der in Polizeiuniform gekleidete Quartiermacher – ihm obliegt die Ordnung des Zuges – und der Nachtwächter. Der „Bartl" trägt eine von allen Seiten lächelnde Maske und hat einen Buckelkorb voll mit Früchten, kleinen Stofftieren und Süßigkeiten. Der imponierende bärtige Schimmelreiter mit Fellrock und einem Helm hat Vogelschwingen.

Der Engel mit dem Sternengewand hat eine Lilie in der Hand, der Rollenträger neben ihm schwingt eine Rute. Dann folgen der heilige Nikolaus, an dessen Seite der Herr Pfarrer, der Bettelmann mit seinen Stock und der Tod mit der Sense, die Habergoaß als Sinnbild der Fruchtbarkeit und der Schmied mit dem Hammer.

Die Riesengruppe der Niglon führt Luzifer, der Höllenfürst, persönlich an. Er wird mit Ketten von zwei kleinen Krampussen gehalten. Neben ihm stampft der „Eheteufel". Zuletzt kommt der Jäger, der für Ordnung bei den Krampussen sorgt.

Zwei Möglichkeiten gibt es, das Mitterndorfer Nikolospiel zu erleben: um 17, 18, 19 und 20 Uhr in vier Gasthöfen – da ist das Gedränge enorm, aber die Stimmung ist intimer, denn als Stubenspiel ist dieser Brauch ja eigentlich gedacht. Oder um 21 Uhr auf der Freiluftbühne, im Ortszentrum. Die ist notwendig, denn wie sonst sollte man der bis zu 3000 Besucher Herr werden?

Bischof Nikolaus hält eine mahnende Predigt, der „Pfarrer" befragt Kinder nach ihrem religiösen Wissen. Für fromme Antworten gibt es vom Bartl ein Geschenk. Die zentrale Szene ist freilich die „Beicht des Bettelmandls“. Man stellt sich das am besten so wie einen volkstümlichen „Jedermann“ vor: Das Bettelmandl schlägt alle Mahnungen des Pfarrers in den Wind, aber da lauert auch schon der Tod mit der Sense. Das von ihm niedergestreckte Bettelmandl wird von zwei Krampussen aus der Wirtsstube gezerrt. Dann haben die Teufel das Sagen: Der Eheteufel schildert, wie er Eifersucht sät und Ehen zerstört. Höhepunkt für viele ist wohl der wild hereinstürmende Luzifer mit seinem Dreizack. Er erklärt den Zuschauern, dass ihre Verfehlungen noch wesentlich schlimmer seien als das, wofür es ihn selbst in die Hölle verschlagen habe. Die Krampusse teilen mit ihren Birkenruten offenbar wohlverdiente (mehr oder auch weniger symbolhafte) Schläge aus.

Auf Schmied und Habergoaß sollte man achtgeben, beide haben Schabernack mit den Zuschauern im Sinn. Die Nikolojäger sorgen für Ordnung, doch mancher sehnt das Hornsignal des Nachtwächters herbei, denn dies beendet die Autorität der schwarzen Mächte. Nun sammeln sich alle vor dem Wirtshaus und ziehen geordnet zur nächsten Station.

„Das Nikolospiel ist handfester Religionsunterricht in einem für unsere Verhältnisse skurrilen und altartigen Kleid“, erklärt der Volkskundler Michael Josef Greger. Wie lange es das Nikolospiel schon gibt? 1880 seien die Mitterndorfer, so heißt es, schon ins damalige Moar-Wirtshaus „Krampus

schauen gegangen". Von 1910 gibt es die erste Bildquelle. Der Text wird seit 1943 in derselben Version gesprochen.

Übers Jahr sind die Kostüme und Krampusmasken des Nikolospiels im Mitterndorfer Heimatmuseum zu sehen. Ein Großteil der Masken wurde vom bereits verstorbenen Franz Limberger, einem ortsansässigen Schnitzer, gefertigt.

Auch in dem um 1890 entstandenen „Öblarner Krampusspiel" tauchen vertraute Personen auf, von den peitschenknallenden Schaben bis zum Tod, von der übermütigen Habergoaß bis zum Schmied, der die Schuhe der Besucher auf dem Boden festzunageln versucht. Dazu noch ein paar Naturgeister wie Flechtenmann und Graßteufel. Dieses Spiel findet auf dem Hauptplatz von Öblarn statt. Die Spiele von Mitterndorf und Öblarn werden unterdessen an vielen Orten im Ennstal und in angrenzenden Gebieten mehr oder weniger abgewandelt und auch kommerzialisiert nachgeahmt.

WO: In Bad Mitterndorf und in Öblarn bei Gröbming (Steiermark).

WANN: In Mitterndorf am 5. Dezember, ab 17 Uhr in einigen Gasthöfen, um 21 Uhr auf der Freilichtbühne im Ortszentrum. In Öblarn am ersten Samstag im Dezember, um 19.30 Uhr auf dem Hauptplatz.

INFORMATIONEN: Tourismusinformationsbüro Bad Mitterndorf, 8983 Bad Mitterndorf Nr. 59, Telefon: 03623 2444, Internet: www.bad-mitterndorf.at, E-Mail: info.badmitterndorf@ausseerland.at
Tourismusverband Öblarn-Niederöblarn, 8960 Öblarn Nr. 47, Telefon: 03687 23310, Internet: www.oeblarn.at, E-Mail: info@oeblarn.at

„Der Rotsohler ist los!“

In Veitsch hat man es mit einem sehr hungrigen Alm-Krampus zu tun

Im Veitschtal, das bei Mitterdorf vom Mürztal nach Norden abzweigt, geht Anfang Dezember der „Rotsohler“ um. Eine hübsche Legende rankt sich um diesen rauen Gesellen: Im Sommer ist man ganz sicher vor dem Rotsohler, denn da, so weiß die Sage, ist der wilde Bursche hinter dem Marterl bei der Sennhütte auf der Rotsohl-Alm auf der Hohen Veitsch an einer Kette angehängt. Die Rotsohl-Alm hat ihren Namen nicht von der Sagenfigur bekommen und diese hat ihrerseits nicht mit glühenden Laufflächen zu tun. Die Bezeichnung „Rotsohl-Alm“ kommt von der „roten Sole“, als in früheren Jahrhunderten hier Erz abgebaut wurde.

Die Sennerin gibt der Legende nach dem Rotsohler immer wieder eine Schüssel Milch. Wenn aber nach dem Almabtrieb kein Mensch mehr da ist, dann beginnt den Rotsohler der Hunger zu quälen. Da reißt er sich los von der Kette und stürmt ins Tal, um sich an den Kindern schadlos zu halten. Der Nordwind, der im Winter von der Hohen Veitsch in die Niederungen braust, hat diese Legende entstehen lassen.

Das Brauchtum rund um den Rotsohler beginnt schon eine Woche vor dem Krampustag. Da marschieren junge Leute – die Pretaler Rotsohler – auf die Alm und finden den bocksbeinigen Kerl tatsächlich nicht mehr vor. Er muss also schon unterwegs ins Tal sein! Bevor man zurückkehrt nach Veitsch lässt man es sich auf der Alm aber noch gut gehen: Kastanien werden gebraten und es gibt ein scharf gewürztes Rotsohlergulasch. Im Tal verbreitet sich die Jahr für Jahr aufs neue Furcht einflößende Nachricht: Der Rotsohler ist los!

Der Krampus-Event selbst beginnt in Veitsch mit einem Kinderfest im Arkadenhof der Pfarrkirche. Der Nikolaus schwebt in einem Korb vom 40 Meter hohen Kirchturm und verteilt Geschenke. – Das Rotsohler-Treiben, veranstaltet von der Ortsfeuerwehr, beginnt eine Stunde später, um 18 Uhr: Da taucht der wilde Rotsohler am Hauptplatz auf, mit einem Gefolge von 20 weiteren Krampussen.

WO: In Veitsch im Mürztal (Steiermark).

WANN: Am 5. Dezember, um 17 Uhr ist die Nikolausfeier der Pfarre, um 18 Uhr beginnt das Rotsohler-Treiben.

INFORMATIONEN: Tourismusverband Veitsch, Klein Veitsch Straße 2, 8663 Veitsch, Telefon: 0699 173 856 17, Internet: www.veitsch.at, E-Mail: tourismus@veitsch.at

Nikolaus und Rotsohler in Veitsch im Mürztal

Da sind die nackten „Tuifl" los

Die Krampusse von Rietz hinterlassen rabenschwarze und hartnäckige Spuren

Zuerst einmal ist mit den Tuifl ja durchaus ein gutes Auskommen, „solange sie nüchtern sind", sagt einer, der das Spektakel Jahr für Jahr miterlebt. Wenn der Nikolaus in der Gemeinde Rietz bei Telfs kommt, hat er natürlich auch höllische Begleiter mit. Während sich die Krampusse im Alpenraum aber meist in dicken Pelz vermummen und Masken aufsetzen, scheinen die diabolischen Weggefährten in Rietz beizeiten höllische Hitze aufgetankt zu haben. Sie gehen mit entblößtem Oberkörper!

So also sieht ein echter Rietzer Tuifl aus: Er hat Ziegenhörner auf der Fellperücke, aber sonst keine Maske. Gesicht, Oberkörper und Arme sind mit einer Schicht aus Russ und Fett kohlrabenschwarz eingefärbt. Dazu kommt eine scharlachrote Hose, die aber ihre Farbe im Verlauf des langen Krampusabends auch allmählich verliert und angeschwärzt wird. Am späten Nachmittag marschiert der Nikolaus mit vier bis fünf „Dunkelmännern" los.

Es ist ein Straßen- und ein Hausbrauch. Während der Nikolaus gerne in die Häuser eingelassen wird, heißt es für die Tuifl im Regelfall draußen bleiben. Das hat einen ganz praktischen Grund: Ein solcher rußschwarzer, fettglänzender Teufel färbt ab, und die jungen Männer gehen mit dem Wohnungsinventar nicht gar so zimperlich um. Wehe, wenn sich ein Nackerter an die Wand lehnt oder aufs Sofa setzt! Der Spuren wird man mit gewöhnlichen Haushaltsreinigungsmitteln nur schwer Herr. Da habe es – das erzählt Karl Schnegg, der Gemeindechronist von Rietz – schon sehr oft böses Blut gegeben.

Überhaupt sei es besser, versichert der Gemeindechronist, den Rietzer Teufeln nach sechs Uhr abends nicht mehr zu begegnen. Denn übermütige und mit Schnaps gut aufgetankte Krampusse suchen durchaus die Nähe, vor allem junger Frauen. Aufs Gewand wird wenig Rücksicht genommen.

Aber nicht alle sind schwarz. Zum Rietzer Nikolaus- und Krampusbrauch gehört auch das „Fuhrmandl", weiß angezogen mit Lederhose, grauem Filzhut und Peitsche. Er geht voraus und kündigt in den Häusern das Erscheinen des Nikolaus an. Früher hat er wohl auch das Pferdefuhrwerk des Heiligen beaufsichtigt. Engel sind gelegentlich auch mit von der Partie, wenn gerade welche greifbar sind. Aber nicht jedes Jahr.

Schon im November feiern die Rietzer Teufel ein eigenes Fest, nachdem jene Birkenzweige aus dem Wald geholt sind, die dann zu Ruten gebunden und beim Krampuslauf verkauft werden. Klar, dass die Rietzer Tuifl das so

erheischte Geld im Gasthaus „zum eigenen Wohl verwenden", wie ein Beobachter durchaus kritisch anmerkt. Der Gemeindechronist erwähnt in dem Zusammenhang, dass das Nikolausgehen früher ein Vorrecht der armen Leute war. Aber das hat sich unterdessen natürlich überall gewandelt.

Wie ist es eigentlich zum sonderbaren Brauch der nackten Krampusse gekommen? Es war, weiß der Chronist, am Beginn der 50er-Jahre. Da haben Zugereiste aus Übermut damit begonnen – und plötzlich ist ein Brauch daraus geworden. Aber auch ein erfundener Brauch hat seine Spielregeln: Nur ledige Burschen dürfen mitmachen, und wenn einer der Unverheirateten doch schon Vater ist, darf der Nachwuchs nicht älter als drei Jahre sein. Dann ist Schluss mit Tuiflgehen.

Zu den Vorbereitungen gehört auch das Bietengehen: Da werden vorab die Termine und Hausbesuche vereinbart. Rund 70 Häuser sind es jedes Jahr. Wo kommt der „Ruaß" her, der vor dem Schminken mit warmem Öl zusammengerührt wird? Ein Rauchfangkehrer spendiert ihn.

WO: In der Gemeinde Rietz bei Telfs (Tirol).

WANN: Nikolaus und seine rußschwarzen, fettglänzenden Tuifl gehen am 5. Dezember ab Einbruch der Dunkelheit um.

INFORMATIONEN: Gemeindeamt Rietz, Kluibenschedlstraße 7, 6421 Rietz/Tirol, Telefon: 05262 623 98, Internet: www.rietz.at, E-Mail: gemeinde.rietz@aon.at Walter Kratzer, Telefon: 0660 73 06 949

Krampuslaufen ist absolut „in“

Im Gasteinertal gibt es gleich 80 „Passen“, die nicht nur am 5. Dezember losstürmen

Keine Sorge: Der mit rotem Mantel bekleidete Herr ist kein Mitglied des Ku-Klux-Klans, obwohl er einen Stoffsack über den Kopf gezogen hat. Löcher für Mund und Augen sind ausgeschnitten. Zwei Hörner wachsen aus seinem Kopf, woran man erkennt, dass man es mit einem der Spezies Krampus zu tun hat. „Einspeiber“ heißt die Figur, und er ist der Anführer, also der Vorteufel jener Krampusgruppe (Pass), die am Toifi-Tag in Rauris umgeht. Die Rauriser Krampusse tragen riesige Holzmasken mit auffallend flach geschnitzten Gesichtern. Eine regionale Besonderheit ist die lange Stoffzunge, die ihnen aus dem Mund hängt. Mit zur Gruppe der Rauriser Toifi gehören der Nikolaus und zwei Engel, weiß gewandet und mit Korb.

Begegnungen mit Krampuspassen am 5. Dezember und in den Tagen vorher sind im Alpenraum beinahe unvermeidlich: Kein Brauch hat einen solchen Boom erlebt wie die Krampusläufe. Ein Kerngebiet ist Salzburg und da wiederum das Gasteinertal: Allein hier gibt es mehr als 80 Krampuspassen. Über 180 sind es im Bundesland Salzburg. Selbst in der Stadt Salzburg gibt es in der ersten Dezemberwoche kaum einen Abend, da nicht Krampusgruppen durch die Straßen von Alt- und Neustadt laufen: Die meisten Passen halten die Tradition holzgeschnitzter Masken aufrecht. Zur Grundausrüstung der Krampusse gehört der Ledergürtel mit zwei bis drei riesigen Schellen. Der Lärm ist ohrenbetäubend, und hinter den Pelzverkleidungen stecken oft rechte Draufgänger, was die Passanten deutlich zu spüren bekommen. Aber wirklich Angst muss man vor den Salzburger Krampussen nicht haben, sie sind bei Weitem nicht so wild wie ihre Osttiroler Kollegen, die Klaibaife.

Wo das Wort „Krampus“ eigentlich her kommt? Der Verhaltensforscher Otto König, der sich dem Phänomen Krampus ausgiebig gewidmet hat, leitete den Namen von „krampos“, dem griechischen Ausdruck für Dörrobst her. Der Zwetschkenkrampus war ja noch vor 30, 40 Jahren eine durchaus populäre Advent-Nascherei. Der Vergleich mit dem Dörrobst würde heutige Krampus-Läufer freilich fuchsteufelswild machen ...

Wild sind sie ja: Begegnen im Gasteinertal (und nicht nur dort!) die Passen einander, dann gibt es ein ordentliches „Gerempelt“, ein Kräftemessen – solange, bis der Nikolaus seinen höllischen Begleitern Einhalt gebietet. Dafür hat der Nikolaus eine Trillerpfeife, denn mit der Stimme allein würde er beim Gerempelt wenig ausrichten. Nach der Keilerei geben die Burschen durch Abnehmen des „Kopfes“ einander zu erkennen. Auf den Köpfen nicht nur

der Gasteiner Krampusse sitzen oft zwei oder drei Paar Hörner. Die Krampuspassen in den Salzburger Tälern tragen Namen, die sich von alten Hofnamen herleiten, aber auch von Flurnamen, von Ortsteilen oder Vereinen. Die Bassetti-Pass ist die traditionsreichste im Gasteinertal. Ein Name wie Bergrettungs-Pass oder Feuerwehr-Pass verrät etwas über die Menschen, die hinter der Larve (Maske) stecken. Fünf bis acht Krampusse gehören zu einer traditionellen Pass, natürlich auch ein Nikolaus. Ein „Körblträger" gehört noch zur Gruppe und gelegentlich ein Engel – als einzige „Frauenrolle". Aber eigentlich ist das Krampuslaufen Männersache.

Wer denkt bei solchen Verkleidungen im aufgeklärten 20. Jahrhundert noch daran, wo eigentlich unsere „Teufelsbilder" herkommen? Die Bibel findet zwar den einen oder anderen Vergleich fürs personifizierte Böse – Schlange, Drache, beutegieriger Löwe –, aber sie enthält uns konkrete Beschreibungen des Teufels vor.

Vor allem in Deutschland und England erfolgte im 12. Jahrhundert eine markante Ausrichtung der Teufelsvorstellung nach Götterbildern aus der römischen Antike. Insbesondere die Satyr-Gestalt hatte es den mittelalterlichen Menschen angetan: eine Verbindung von menschlichem Oberkörper und Bocksbeinen, mit Schwanz, Hörnern, langen Tierohren, gesträubtem

Haar oder zottigem Fell. Der Buckelkorb, in dem die armen Seelen stecken, ist in einer englischen Bilderbibel bereits um 1300 nachweisbar.

Kaum ein Ort im Innergebirg, wo es unterdessen keinen Krampuslauf gibt. Mancherorts wird ein recht touristisches Spektakel daraus, etwa in Schladming (Steiermark), wo man hartnäckig behauptet, es sei der größte Krampuslauf in Österreich. An die 50 Passen aus Bayern, Südtirol, Kärnten, Nieder- und Oberösterreich, Salzburg und der Steiermark haben zuletzt daran teilgenommen, mit gut 560 Verkleideten. In Wahrheit dürfte das Spektakel in St. Johann in Tirol jenem in Schladming bei Weitem den Rang abgelaufen haben: Man lädt dorthin Passen aus dem ganzen Alpenraum ein, das können dann schon weit über 100 Gruppen und deutlich über 2000 Teilnehmer sein.

In Zell am Ziller ist aus dem Brauch unterdessen eine inszenierte Feuershow mit Heavy-Metal-Musik geworden. Die Tourismusvereine stehen bei solchen Anlässen natürlich immer Gewehr bei Fuß – und das ist mit ein Grund für das boomende Krampusbrauchtum landauf, landab. Traditioneller, aber nicht minder touristisch attraktiv sind jene rund 400 Krampusse, die beim Pongauer Krampuslauf in St. Johann zusammenkommen.

Krampuslauf oder Perchtenlauf? Die Bezeichnungen gehen unterdessen durcheinander, und damit rückt auch allmählich aus dem Bewusstsein, dass hier sehr unterschiedliche Bräuche vermischt werden. Der Krampus ist der Begleiter des heiligen Nikolaus, die diabolische Alternative zum Gutmenschen: angewandte schwarze Religionspädagogik sozusagen. Das Perchtenbrauchtum – in den Raunächten angesiedelt – ist hingegen etwas grundsätzlich anderes. Es hat mit Dunkelheit und Licht zu tun, mit einem „sauberen" Jahresabschluss und einem Aufbruch in eine neue Zeitspanne.

Die Krampuspercht ist eine Erfindung des 20. Jahrhunderts. Schiachperchtenläufe gibt es unterdessen vielerorts auch zwischen Neujahr und Dreikönig. Das habe durchaus pragmatische Gründe, erklärt dazu die Salzburger Volkskundlerin Ernestine Hutter: „Es ist ein willkommener Anlass, die aufwendige und mit beträchtlichem finanziellen Aufwand erstandene Maske – bestehend aus geschnitzter Holzmaske mit mächtigem Gehörn, langzottigem Fellmantel beziehungsweise Fell-Overall, mit Rollern, Pferdeschweif – mehrmals und an verschiedenen Orten zu zeigen."

Brauchtums-Puristen mögen die Nase rümpfen – aber es ist eben so, dass sich Bräuche wandeln. Gerade die Krampusperchten boomen, und es wurden in den vergangenen Jahren sogar schon im bis dahin absolut perchtenfreien Burgenland folkloristische Gruppen gegründet. Krampusse und Perchten haben es unterdessen in die Event-Kalendarien geschafft. Die meisten machen ja gar kein Geheimnis um ihre kommerzielle Ausrichtung, beispielsweise die „Birching Devils" aus Wien, die sich offen als „reine Showgruppe" deklarieren. Diese Truppe ist für einen Spielfilm („5. Dezember – Day of the Devils") gegründet worden und wegen des großen Erfolgs zusammen geblieben. Sogar in Texas hat diese Gruppe schon Krampuskränzchen aufgepeppt.

Besonders wilde Kerle sind die Klaibaife in Osttirol, in Matrei und in Kals vor allem. Das Wort „Krampus" hört man hier nicht gerne. Schließlich ist man Klaubauf. In der Mehrzahl Klaibaife, Betonung auf der zweiten Silbe. Der Klaubauf zerrt sein „Opfer" aus der Menschenmenge, lässt sich unerwartet nach hinten fallen, womit der andere aus dem Gleichgewicht kommt. Mit einer geschickten Drehung, die einem Judo-Kämpfer zur Ehre gereichte, sorgt der Klaubauf dafür, dass sein Opfer rücklings auf dem Boden landet. Dann plötzlich wird aus dem Wilden ein artiger Kerl, der die Hand reicht und beim Aufstehen hilft.

Klaibaife tragen langhaarige, weiße, braune oder schwarze Schafsfelle und – das ist eine Osttiroler Eigenheit – Holzmasken ohne Hörner (oder nur mit ganz kleinen). Das hat mit der Turbulenz des Auftretens zu tun: Mächtige Gehörne wie die Krampus-Kollegen vielerorts sonst im Alpenraum würden sich die Teufel hier rasch abstoßen. Natürlich gehört zu einem Klaubauf auch der gepolsterte Ledergürtel mit drei bis sechs Schellen. Manche tragen gekaufte Glocken oder Roller, aber einen charakteristischeren, bedrohlich-dumpfen Ton gibt das „selbergschwoaßte Bundle". Die „Tedlen" gibt es nur mehr in Virgen und auch dort sind sie selten: Das sind Jugendliche mit Totenkopfmasken, die wieselflink Opfer aussuchen und so lange festhalten, bis die Klaibaife (die aufgrund der schweren Maskierung nicht so beweglich sind) zur Stelle sind und ihres „umwerfenden" Amtes walten können. Kleine Klaubauf-Varianten gibt es in den Seitentälern des Iseltales. Befragt, was zum Beispiel der Unterschied der Matreier Klaibaife zu jenen in Kals sei, sagt eine Matreierin wie aus der Pistole geschossen: „Unsere sind die Wildesten!"

WO: In allen Alpengegenden (hauptsächlich in der Obersteiermark, in Salzburg, Kärnten und Tirol). Krampusläufe sind unterdessen in Dörfern genauso verbreitet wie in Städten, und selbst in Gegenden, wo es den Brauch früher nicht gab, werden unterdessen Krampus-Veranstaltungen verschiedenster Art durchgeführt.

WANN: Der klassische Tag für Krampusläufe ist der 5. Dezember. Wenn touristische Interessen mitspielen, werden die Events auf die benachbarten Wochenenden gelegt. Weil viele Passen mehrmals laufen, ist eigentlich die ganze erste Adventwoche Krampus-Time. Nicht selten tauchen dieselben Larven dann in den Perchtenläufen zwischen Neujahr und Dreikönig wieder auf.

INFORMATIONEN: Über die lokalen Tourismusverbände.

Teufel, Weihwasser und die „Pehtra Baba“

Die älteste Krampusgruppe in Österreich und das erste Krampusmuseum

Es gibt sogar ein Krampusmuseum: Im Kärntner Ort Suetschach, bei Feistritz im Rosental. Die Krampusgruppe dort soll die älteste in Österreich sein, sie ist 1889 gegründet worden. Während der Ortspfarrer den Part des Bischofs übernimmt, sind Organisation und Ausführung der Krampusmasken Sache der Burschen und Männer am Ort. Neulinge (ab 15 Jahren) beginnen ihre Karriere als Korbträgerin. Der Suetschacher Krampus trägt einen dunklen Juteanzug mit aufgenähten Fellstücken, darunter ist ein Gerippe zu sehen. Bis zu sechs Hörner zieren die bemalte Holzmaske.

Die Rute wird den Kindern rechtzeitig ins Fenster gestellt, denn schon 14 Tage vor dem Nikolausabend ziehen die Krampusse bei Sonnenuntergang (ohne Ketten und Glocken) durch den Ort und „geben Zeichen“.

Gelaufen wird in ungerader Zahl und niemals an einem Freitag, so will es die Tradition. Denn der Teufel selbst habe sich – so eine Legende – einst, als einer in der Gruppe fehlte, in die an dem Abend nur 12-köpfige Krampusgruppe gemischt. Er war der 13., und es war akkurat an einem Freitag.

Der Suetschacher Krampusumzug beginnt am 5. Dezember um 17 Uhr auf dem Dorfplatz. Vor dem Aufbruch wird beim Museum mit dem Pfarrer das Vaterunser gebetet, und die Gruppe mit Weihwasser besprengt. Danach gehen die (durchgezählte!) Krampusgruppe sowie der heilige Nikolaus, die Magd, der Glöckner, die Korbträgerin und der Einspieler entlang der Westseite des Dorfes bis zur Schmiede, wo der eigentliche Umzug beginnt. Er führt auf den Hauptplatz, wo schon die Schaulustigen warten.

Aber im Grunde ist's ein Hausbrauch. Der Glöckner kündigt die Gruppe mit seinem Läuten an und fragt, ob das „Einlassen" möglich sei. Die Magd trifft die notwendigen Vorkehrungen für das Erscheinen des Bischofs. Wenn sie das Buch fallen lässt, ist das ein Zeichen, dass die Kinder nicht brav waren – ein schlechtes Omen! Der heilige Nikolaus spricht mit den Kindern über ihr Verhalten, er lässt sie vorbeten und vorsingen, lobt und tadelt. Auf sein dreimaliges Klopfen stürzen die Krampusse herein und mit ihnen die Koschara (Korbträgerin). Auf ihrem Rückenkorb bringe sie, so wird gedroht, die ganz schlimmen Kinder zu einem Felsen am Ufer der Drau. Der Einspieler – er ist mit Frack, Zylinder und schwarzer Halbmaske angetan – hat die Aufgabe, die Krampusse mit leichten Stockschlägen zu bändigen. Des Nikolaus abermaliges dreifaches Klopfen mahnt die Gruppe zum Aufbruch.

Die Brauchtumsgruppe pflegt auch den Brauch der Pehtra Baba: Sie ist eine jener Figuren, die im winterlichen Rosental in den Raunächten zwischen 21. Dezember und 5. Jänner ihr Unwesen treiben. In Gestalt eines alten, in Lumpen gehüllten Weibes mit verschleiertem Gesicht und Strohhut betritt sie wortlos die Häuser des Ortes. In der Hand hält sie eine Ofengabel mit zwei Zinken, auf die eine Wurst gespießt ist. Den Kindern wirft die Pehtra Baba unter lautem Kichern Nüsse, Kletzen (getrocknete Birnen) und Äpfel vor die Füße. Während sich die Kleinen um die Geschenke balgen, macht sich die

Pehtra Baba so unauffällig davon, wie sie gekommen ist. – Diesen Hausbrauch kann man im Krampusmuseum von Suetschach jedes Jahr am 5. Jänner um 19 Uhr miterleben.

Im Museum sind über 70 Masken und Kostüme zu sehen, und es wird nicht nur die eigene Vereinsgeschichte dokumentiert: Hier gibt es auch die größte Brauchtums-Infothek Kärntens und Osttirols. Besonders neugierige Museumsbesucher dürfen sogar in ein Krampuskostüm schlüpfen und sich so hineinfühlen ins „Pelzebub“-Gefühl. Kondition brauchen die Burschen ja, egal ob sie nun Krampusse, Klaibaife oder wie auch immer heißen. Vor Kälte geschlottert hat noch kaum einer der zotteligen Gesellen.

WO: In Suetschach nahe Feistritz im Rosental (Kärnten).

WANN: Krampuslauf ist am 5. Dezember (sofern er nicht gerade auf einen Freitag fällt) ab 17 Uhr im Dorf. Die Pehtra Baba erscheint am 5. Jänner um 19 Uhr im Museum. – Das Museum ist in den zwei Wochen vor dem 5. Dezember von 17–20 Uhr (Sa, So 13–20 Uhr) geöffnet, sonst auf Anfrage.

INFORMATIONEN: Anmeldung zum Museumsbesuch (2–3 Tage vorher), Telefon: 0676 473 59 23 oder 0664 739 44 515, Internet: www.krampusmuseum.at, E-Mail: krampusmuseum@aon.at

Unter dem Schutz des heiligen Nikolaus

In St. Nikola an der Donau kommt der Geschenkebringer per Schiff

Im Ortswappen steht – sehr stilvoll und zur geografischen Lage passend – der heilige Bischof Nikolaus in einem Boot. Er schaut gar nicht misstrauisch auf die Wellen, obwohl gerade in diesem Abschnitt der Donau guter Grund dazu wäre. Gewesen wäre, um korrekt zu bleiben: Denn seit es an der Donau Kraftwerke und Staudämme gibt, hat ja auch der Strudengau, in dessen Mitte die Marktgemeinde St. Nikola liegt, seine Schrecken für die Schiffsleute verloren.

Eine der ältesten Nikolaus-Legenden, die zum Schiffleute-Patronat des Heiligen führten: Schiffer, die in Seenot geraten sind, erinnern sich des Bischofs, von dessen Ruhm sie gehört haben. Von ihnen angerufen, erscheint Nikolaus, spricht ihnen Mut zu, beschwichtigt den Sturm und verschwindet nach Vollbringung des Rettungswerks. Nach glücklicher Landung erkennen die Matrosen in der Kirche von Myra in dem ihnen bisher unbekannten Bischof Nikolaus sofort ihren Retter.

Es ist natürlich kein Zufall, dass gerade hier die malerisch am Uferabhang platzierte Kirche dem Schutzheiligen der Seeleute geweiht ist. In den kleinen Donauortschaften siedelten Schiffer, die Lotsendienste versahen. Hier holte man kundige Einheimische an Bord, die mit den gefährlichen Stromschnellen vertraut waren. Als „Sanndt Nicla“ ist die Kirche schon 1511 urkundlich greifbar.

Kein Wunder also, dass der heilige Nikolaus hier per Schiff anreist. Aber das alljährliche Fest am 6. Dezember beginnt mit einem feierlichen Gottesdienst. Danach begibt sich ein langer Festzug zur Donau. Diesem schließen sich auch – seit mehr als drei Jahrzehnten schon – alle Pflichtschulkinder der Gemeinde an. Die Nikolausfeier ist der Tag, an dem man der Opfer gedenkt, die der Fluss schon gefordert hat. Ein Kranz wird gesegnet. Eine Zille fährt weit hinaus, ungefähr in Flussmitte wird der Kranz den Fluten übergeben. Sirenentöne der Donauschiffe untermalen die Zeremonie.

Danach nähert sich das Schiff, auf dessen Bug man bereits von Weitem den Nikolaus stehen sieht. Nach den Ansprachen folgt die obligate Bescherung. Seit über 30 Jahren ist diese Feier auch Anlass für ein Sonderpostamt. Auf mehreren Schiffen und in der Volksschule wird ein buntes Advent- und Kulturprogramm geboten.

WO: In der kleinen oberösterreichischen Gemeinde St. Nikola an der Donau (in der Nähe von Grein).

WANN: Am 6. Dezember.

INFORMATIONEN: Tourismusverband St. Nikola-Donau, Struden 2, 4381 St. Nikola, Telefon: 0699 130 304 22 oder 07268 8155, Internet: www.sankt-nikola.at, E-Mail: tourismus@sankt-nikola.at

Bitten an den heiligen Nikolaus

Das „Schifferlsetzen" in Spitz an der Donau ist ein noch junger, aber intensiv gelebter Brauch

Einmal Nikolaus – immer Nikolaus", lacht Ernst Englisch. Vor über zehn Jahren ist er beim Schifferlsetzen das erste Mal in dieses Kostüm geschlüpft. Mehr noch: Der studierte Historiker und Hobby-Volkskundler war es selber, der das Schifferlsetzen in Spitz in der Wachau wieder eingeführt hat. Wieder eingeführt? Er hat in historischen Quellen mancherlei Hinweise auf Lichterbräuche und auch auf das Aussetzen von Lichtern auf der Donau gefunden, hat aber, wie er betont, den Brauch „auf die Bedürfnisse der Zeit hin neu interpretiert".

Und damit hat er – wie sich Jahr für Jahr zeigt, wenn 200 bis 300 Kinder zur Abendstunde von der Kirche in Richtung Donauufer ziehen – eine Zeitstimmung getroffen, eine Sehnsucht vieler Menschen erfüllt. Denn es machen wirklich alle mit: Die Pfarre, wo das Fest am Nikolaustag mit einer Vesper seinen Ausgang nimmt; Kindergärten, Volksschule, Hauptschule, wo in den Wochen zuvor die meist 20 bis 30 Zentimeter großen Schifferl (kleine Floße aus Holz und Papier) gebastelt werden; und nicht zuletzt die Feuerwehr, die die 60 bis 70 Schifferl schließlich zu Wasser bringt. Es darf ja kein Kind in die Donau fallen.

Auch in manchen Spitzer Familien gehört das Schifferlbauen für diesen Anlass unterdessen dazu. „Alle identifizieren sich voll mit dem Nikolausfest", zeigt sich Ernst Englisch beglückt. Er ist stolz darauf, einen Brauch geschaffen zu haben, der aus sich heraus lebt und der vor allem im Bewusstsein der Bevölkerung verankert ist. „Seit kurzem haben wir sogar ein eigenes Nikolauslied, das eine Volksschullehrerin geschrieben hat." Ernst Englisch freut sich, dass der Brauch eine Eigendynamik entwickelt.

„Natürlich werden Gäste eingeladen. Wenn sie mit Kindern kommen, dann sollte ein jedes ein einfaches, selbstgebautes Schiff mithaben." Um diese Schifferl geht es ja. Sie werden mit Teelichtern von innen heraus erhellt und schwimmen relativ weit: „Bei günstigem Wind sind manche unserer Schifferl sogar bei der Mautener Donaubrücke, 20 Kilometer flussabwärts gesichtet worden", sagt Reinhold Nothnagl, einer der unverzichtbaren Helfer und Organisatoren.

Die ursprünglich hinter dem Brauch stehende Idee: Spitz ist (wovon man sich im lokalen Schifffahrtsmuseum überzeugen kann) „ein kleiner Mittelpunkt der Flößerei auf der Donau", wie es Ernst Englisch formuliert. Vom Waldviertel herunter wurde Holz en masse geliefert. Ein guter Grund also, sich mit Nikolaus, dem Patron der Seefahrer, gut zu stellen. Einen dem heutigen Schifferlsetzen vielleicht ähnlichen Brauch soll es im 19. Jahrhundert bis etwa 1880 gegeben haben: dass Kinder in der Region Lichterschiffchen auf die Reise geschickt haben, verbunden mit guten Wünschen für die Eltern, die ja einem sehr gefährlichen Beruf nachgingen. Man will das nicht so recht glauben, wenn man die regulierte, vielerorts aufgestaute Donau jetzt so ruhig dahinfließen sieht. Aber ein gutes Stück flussaufwärts, im Grenzbereich zwischen Ober- und Niederösterreich, heißt ein Donau-Abschnitt „Strudengau" – und das kommt von den einst unberechenbaren Wasserstrudeln. Der Ort Grein hat seinen Namen von „greinen" (weinen) bekommen: Man hörte am Ufer nicht selten die Entsetzensschreie der Schiffsleute, die ihre Fahrzeuge durch die Stromschnellen manövrierten.

„Die Wünsche sind auch beim neuen Brauch ganz wichtig", bekräftigt der „Brauch-Erfinder" Ernst Englisch. Sie sind in irgendeiner Form auf die Schifferl, die man auch als schwimmende Laternen bezeichnen könnte, geschrieben. Überhaupt: „Entscheidend war für mich, dass wir eine religiöse Dimension finden." Daher also beginnt das Schifferlsetzen mit einer kurzen Nikolaus-Vesper, bevor sich der Zug, begleitet von zwei als Nachtwächter verkleideten Kindern und einem Trommler, auf den Weg zum Wasser macht.

WO: In Spitz an der Donau (Wachau/Niederösterreich).

WANN: Am 6. Dezember abends.

INFORMATIONEN: Tourismusverein Spitz, Mittergasse 3a, 3620 Spitz an der Donau. Telefon: 02713 2363 oder 2248, Internet: www.spitz-wachau.com, E-Mail: info@spitz-wachau.at

Das Puppentheater der Handschuhmacher

Eine bald 200 Jahre währende Tradition: Das „Traismaurer Krippenspiel"

Es war ein Glücksfall sondergleichen, dass das Traismaurer Krippenspiel auf uns gekommen ist. Über ein Jahrhundert lang hatte die Familie Scheibl ein Krippen-Handpuppenspiel betrieben, dessen älteste Figuren ungefähr aus dem Jahr 1810 stammten. Damals war der Handschuhmacher Ferdinand Scheibl hierher gezogen. Von Generation zu Generation wurden Bühnendekorationen und Figuren weiterverwendet. Der Text und die Lieder des Krippenspiels wurden mündlich tradiert.

„Der letzte Scheibl hat in den 20er-Jahren das unterdessen desolate Krippentheater in seiner Zimmer-Küche-Wohnung aufgeführt, aber damit wurde er schon zum Gespött der Kinder", erzählt Wilhelm Hellmann, Kustos des Heimatmuseums und 15 Jahre lang Leiter des Traismaurer Krippenspiels.

Es war mehr oder weniger ein Zufall, dass ein volkskundlich interessierter Hilfslehrer an der Volksschule einer Nachbargemeinde vom Krippenspiel Wind bekam. Am Krankenbett des letzten Mitgliedes der Familie Scheibl hat sich Raimund Zoder (1882–1963), aus dem ein bekannter Volkslied- und Volkstanzforscher werden sollte, die Lieder vorsingen lassen. Er gab die Texte und Melodien des Traismaurer Krippenspiels heraus und bewahrte sie so vor dem Vergessenwerden. Eine Neuauflage ist übrigens 2004 erschienen.

Der alte Spielkasten und die 30 etwa 20 Zentimeter großen alten Figuren, zum Teil mit Wachsköpfen, sind noch erhalten. Sie sind auch das Jahr über viel bestaunte Stücke im Heimatmuseum. Anfang der 30er-Jahre ergriffen Traismaurer Bürger die Initiative und ließen neue, etwas größere Figuren schnitzen. So lebte das Traismaurer Krippenspiel wieder auf.

Die Bühnentechnik ist natürlich erneuert, denn die Krippenspieler aus Traismauer sind mit ihren Stabpuppen öfters auf Reisen. In Traismauer selbst gibt es nur zwei Aufführungen, jeweils an einem Tag um den 8. Dezember im Schlosssaal. Dieses Puppen-Krippenspiel ist viel weniger bekannt als jenes in Steyr (wo man besser ein Jahr im Vorhinein bucht). Hier kann man auch kurzfristig noch auf Eintrittskarten hoffen. Es ist neben jenem von Steyr eines der ganz wenigen Krippen-Puppenspiele im deutschsprachigen Raum.

Knappe anderthalb Stunden dauert die Aufführung. Zwei Drittel gelten der eigentlichen biblischen Geschichte, von der Verkündigung bis zur Anbetung der Könige. Im Vergleich zum Steyrer Krippenspiel ist jenes in Traismauer inniger und stärker auf den religiösen Hintergrund der Weihnachtszeit bezogen. Aber auch hier fehlen die weltlichen Szenen nicht: Es tauchen allerlei Volkstypen aus dem 19. Jahrhundert auf. „Da werden G'stanzln gesungen", schmunzelt Wilhelm Hellmann. Da kommt ein freier Bauer mit dem Verwalter in Streit. Der Bandlkramer singt ein Lied. Am Dialekt des Schneiders kann man erkennen, dass er aus Böhmen kommt. Und sogar ein Wilddieb hat einen Auftritt. Fast alles wird gesungen beim Traismaurer Krippenspiel, und deshalb sind nicht wenige Leute beschäftigt: mindestens vier Figuren- und Kulissenbeweger und an die 20 Sängerinnen und Sänger.

WO: Im Schlosssaal Traismauer (Niederösterreich).

WANN: Um den 8. Dezember.

INFORMATIONEN: Tourismusinformation Traismauer, Hauptplatz 1, 3133 Traismauer, Telefon: 02783 8555; 02783 8651 (Gemeindeamt), Internet: www.traismauer.at, E-Mail: info.traismauer@aon.at

Weihnachtsspiele als Sprachkurs

In den Weihnachtsspielen lebt ein gutes Stück Tradition der im Burgenland lebenden Ungarn fort

Im Verkündigungsbuch der burgenländischen Pfarre Unterwart findet sich – noch aus der Zeit, da die Gegend zu Ungarn gehörte – die Mahnung eines Pfarrers: „In den Weihnachtstagen soll dann niemand von den Weihnachtsspielen, die im Gemeindegasthof geführt werden, fehlen!" Josef Winkler, der in den 70er-Jahren verstorbene Weihbischof von Szombathely (Steinamanger), erzählt aus seiner Kindheit in den ersten Jahren des vorigen Jahrhunderts: Damals seien auch aus deutschsprachigen Orten wie Großpetersdorf Besucher nach Unterwart gekommen, um bei den Weihnachtsspielen dabei zu sein.

Bis heute gibt es diese Weihnachtsspiele und sie haben eine ganz besondere Bedeutung für die kleine ungarische Volksgruppe. Sie fördern den Gebrauch der ungarischen Sprache und stärken das Kultur- und Gemeinschaftsbewusstsein. Die Kinder, aber auch die Erwachsenen bereichern ihren Wortschatz und lernen viele neue Wörter und Begriffe, indem sie die Texte erlernen. Die Weihnachtsspiele, die in den letzten Jahren in Oberwart stattfinden, sind mit ihren bearbeiteten alten Gedichten und Liedern ein Ereignis und ein Fest für die gesamte Gemeinschaft.

In den letzten Jahrzehnten fanden nicht nur diese Weihnachtsspiele statt, sondern es entstand um sie herum ein buntes Programm mit Weihnachtsliedern, Gedichten, Hirten- und Krippenspielen. Für die Kleinsten sind diese Auftritte oft Premieren: Sie stehen das erste Mal auf der Bühne und manchmal sind es auch ihre ersten Äußerungen in ungarischer Sprache – besonders dann, wenn die Eltern (oder ein Elternteil) diese Sprache nicht beherrschen. Meist sind es dann die Großeltern, die mit den Kleinen die Texte einüben.

„Die meisten Kinder erlernen die manchmal beachtlich langen Rollen leicht und ihre Aussprache ist richtig", freut sich Elias László Kelemen vom UMIZ, dem ungarischen Medien- und Informationszentrum. „Auch wenn sie bisher nicht oder kaum Ungarisch gesprochen haben, hören sie ja oft diese Sprache, und so fällt es ihnen gar nicht schwer." Jedes Jahr kämen zum alten Schatz auch neue Spiele hinzu, erklärt Kelemen. „Manchmal kommt es vor, dass Kinder dieselbe Rolle spielen wie ihre Eltern vor Jahrzehnten; auch manche Großeltern können sich noch ganz genau an die Weihnachtsspiele erinnern."

Zwischen den beiden Weltkriegen und in den ersten Nachkriegsjahren waren es kleinere Gruppen von Roma, die am Weihnachtsabend und am Morgen des Christtages mit einem Weihnachtslied von Haus zu Haus zogen, wofür sie einige Schillingmünzen erhielten. Jetzt spielen manchmal Romakinder gemeinsam mit anderen Kindern bei den Hirten- und Krippenspielen.

Die Weihnachtsspiele und Weihnachtslieder wurden vor einigen Jahren noch mit den wiederentdeckten, bodenständigen Instrumenten, den sogenannten Schlagzithern, begleitet. Die Saiten werden mit einem am Daumen steckenden Ring mit Dorn angezupft. Einige Jugendliche brachten diese Instrumente mit großer Begeisterung zu neuer Blüte. Heute existiert eine Schlagzithergruppe mit dem Namen „Őri Banda".

„Natürlich geht mit der heutigen schnelllebigen Zeit auch ein gewisses Abflachen traditioneller Bräuche einher", sagt Elias László Kelemen. „Traditionen, die früher noch aus sich selbst erwachsen sind und keinerlei Einfluss und Unterstützung von Außen gebraucht haben, müssen heute auf institutioneller Ebene wieder bewusst gemacht und einer neuen Interpretation zugeführt werden."

WO: Im Kontaktzentrum der Katholischen Kirche in Oberwart (Burgenland).

WANN: Am 8. Dezember.

INFORMATIONEN: UMIZ – Ungarisches Medien- und Informationszentrum, 7501 Unterwart 230, Telefon: 03352 31287-0, Internet: www.umiz.at, E-Mail: office@umiz.at

Ein guter Schluck für die „Gödnleut“

Wenn die Paten auf Besuch kommen, kredenzt man im Mostviertel den „Gödn-Most“

Wenn die Tauf- und Firmpaten der Kinder zu Besuch kommen, dann wurde und wird bei den Bauern im niederösterreichischen Mostviertel aufgetischt, dass sich die Tische biegen. Und es versteht sich von selbst, dass der beste Schluck von jenem Getränk kredenzt wird, das der Region ihren Namen gegeben hat. Da geht also der Bauer in den Keller und schlägt ein Fass an.

„Die traditionellen Tage für den Besuch des Göd oder der Godn (Pate und Patin) waren Allerheiligen, Leopoldi, der 8. Dezember oder einer der Weihnachtsfeiertage“, erklärt Toni Distelberger aus Gigerreith in der Nähe von Amstetten. Eine gute Zeitspanne nach der Mosternte: „Da ist der Most noch ein wenig süß und er prickelt noch, ist also in der ausklingenden Gärung. „A bisserl a Schneid hat er noch“, sagt Toni Distelberger. In Flaschen gefüllt wird der Most ja eher ganz vergoren, also trocken, wegen der Haltbarkeit.

Eine Gruppe von ambitionierten Mostherstellern – „Mostbarone“ nennen sie sich selbstbewusst – hat die alte Tradition mit dem „Gödn-Most“ vor einiger Zeit wieder aufleben lassen. In der ersten Novemberhälfte wird er jedes

Jahr präsentiert, und es gibt ihn dann zumindest die Weihnachtszeit hindurch. Man hat sich sogar zwei Sorten ausgedacht: Jener für die Godn ist süßer, der für den Göd etwas kräftiger.

Doch zurück zum Brauchtum: Wie ist denn ein traditioneller Patenbesuch abgelaufen? „Jedes Mal", weiß Toni Distelberger (der auch ein Bauernmuseum eingerichtet hat), sei man mit dem Göd „durchs Haus gegangen und hat alles angeschaut". Zuletzt kam der Stall an die Reihe, nach dessen Verlassen der Göd „Wünsch Glück" gesagt habe.

Doch die Hauptsache waren Essen und Trinken. Schweinsbraten oder Schnitzel, dazu ein „süßes Brot" – in Most eingelegte Weißbrotschnitten, mit Ribiselmarmelade garniert. „Schnürkrapfen" wurden aufgetischt, das ist ein um eine Metallrolle gewickelter Butterteig, mit einer Schnur befestigt und herausgebacken. „Schneeballen" waren auch ein beliebte Nachspeise und am Schluss – unverzichtbar – ein Fruchtsalat. Und dazu also Gödn-Most vom Feinsten ...

Ein weiterer regionaler Brauch, der noch in die Weihnachtszeit fällt, ist die „Mosttaufe". Es ist eine junge Gepflogenheit, „seit 15 oder 20 Jahren", schätzt Toni Distelberger. Der heilige Sebastian war, so besagt die Legende, ja an einen Baum gebunden, als man ihn mit Pfeilen beschoss. Das muss ein Apfelbaum gewesen sein – davon ist man jedenfalls im Mostviertel überzeugt. Mitte Jänner sind die verschiedenen jungen Mostsorten fertig. Der Gedenktag des Heiligen, der 20. Jänner, ist also ein optimaler Tag. Nach der Segnung wird ausgiebig gefeiert und – logisch – Most verkostet.

WO: Im niederösterreichischen Mostviertel.

WANN: Gödn-Most gibt es ab Anfang November über die Wintermonate.
Die Mosttaufe ist am 20. Jänner (Gedenktag des heiligen Sebastian).

INFORMATIONEN: Mostviertel-Tourismus GmbH, Adalbert-Stifter-Straße 4, 3250 Wieselburg, Telefon: 07416 521 91, Internet: www.mostviertel.info, E-Mail: office@most4tel.com
Mostbauernhof Distelberger und Mostviertler Bauernmuseum, Gigerreith 39, 3300 Amstetten, Telefon: 07479 7334, Internet: www.distelberger.at, E-Mail: info@distelberger.at

Einkaufen auf Teufel komm raus

Ein Fest mit manchen Widersprüchen: Maria Empfängnis am 8. Dezember

Was gar nicht so bekannt ist: Die Wiedereinführung des 8. Dezembers als Feiertag (Hitler hatte ihm den Garaus gemacht) war ein frühes Beispiel für Basisdemokratie in Österreich. 1,5 Millionen Menschen beteiligten sich 1955 an einer Unterschriftenaktion zur Wiedereinführung dieses Feiertags. Ist es also ein besonderes Marienfest, das vielen Menschen ein Herzensanliegen ist? Das heute allgemeine Unverständnis gegenüber dem „Hochfest der ohne Erbsünde empfangenen Jungfrau und Gottesmutter Maria" (wie es korrekt heißt) steht in eigenartigem Widerspruch zum Votum vor einem halben Jahrhundert ...

Worum geht es also? Seit dem Sündenfall im Paradies, seit Eva ihren Appetit nach dem Apfel – der Frucht vom Baum der Erkenntnis – nicht bezwingen konnte, wird jeder Mensch mit der „Erbsünde" geboren. Eva hat sie uns eingebrockt. Aber wie könnte die jungfräuliche Maria Gottes Sohn gebären, mit einem schwarzen Tupfen auf der Seele? Von „Maria, der reinen Magd" ist in manchem Adventlied die Rede. Sie ist als einzige nach (im Lauf der Kirchengeschichte durchaus umstrittener) theologischer Auslegung ohne Erbsünde geboren, und daran soll dieser Feiertag erinnern.

Nichts also mit des Erzengel Gabriels Verkündigung und der weißen Taube, die vom Himmel schwebt. Das ist ein eigenes Fest: „Verkündigung des Herrn" am 25. März, exakt neun Monate vor Weihnachten. Am 8. Dezember geht es um sperriges theologisches Gedankengut, das Papst Pius IX. erst 1854 im apostolischen Schreiben „Ineffabilis Deus" zum Dogma erklärt hat. Übersetzt heißt das „der unbegreifliche Gott".

Die theologische Sachlage ist tatsächlich vielen unbegreiflich, und das Fest ist ungeeignet, daran irgendwelches Brauchtum zu knüpfen. Früher durften Frauen an dem Tag nicht arbeiten, aber es war zugleich nach altem Brauch jener Tag, an dem man mit der Herstellung der Weihnachtsbäckerei begonnen hat.

Was passiert jetzt an dem Tag? Es ist Brauch geworden, an diesem Tag einzukaufen, was das Zeug hält. Weihnachtsgeschenke-Suche auf Teufel komm raus ist angesagt. Rund 25 Jahre ist es her, da begannen österreichische Wirtschaftstreibende vor allem in den grenznahen Gebieten zu Deutschland eine starke Lobby gegen den Feiertag zu bilden. Die Geschäfte in Österreich nämlich mussten geschlossen bleiben, wogegen sie in Deutschland offen hatten. Manche preschten vor und sperrten an dem Tag illegal auf. Vor allem wenn der 8. Dezember auf einen Samstag fiel, war der Unmut im österreichischen Einzelhandel groß. Der Einkaufstourismus war enorm und nicht ganz zu Un-

recht befürchtete die Wirtschaft einen ansehnlichen Kaufkraftabfluss ins benachbarte Ausland. Es stand also eine politische Entscheidung an und die fiel anders aus, als sich kirchennahe Kreise das wünschten: Seit 1995 dürfen die Geschäfte am 8. Dezember offen halten, und das einheitlich in allen Bundesländern.

Es ist schwierig, das Weihnachtsgeschäft allein an diesem Tag konkret zu beziffern und abzuschätzen, was es tatsächlich bringt. Hinter scheinbar konkreten Zahlen stehen meist ebenso konkrete merkantile und ideologische Absichten. An den Ausgaben der Österreicher fürs Weihnachtsgeschäft insgesamt, so hört man auch von Seiten der Handelskammer, ändere sich durch den 8. Dezember wenig. Die Wortmeldungen beispielsweise der Katholischen Kirche gehören ebenso schon zum Brauchtum für diesen Tag wie die nachträglichen Jubelmeldungen über die Millionen Menschen, die sich wieder in die Einkaufszentren aufgemacht haben.

Geld wird in Österreich oft als „Marie“ bezeichnet, und das hat die österreichische Brauchtumskennerin Helga Maria Wolf zur spitzen Feststellung bewegt: „Die umgangssprachliche Interpretation von Marie Empfängnis hat wieder einmal gesiegt ...“

WO: In den Konsumtempeln.

WANN: Am 8. Dezember, ganztägig.

Weiße „Luzeln" mit dem Kochlöffel

Der „Luziengang" ist ein Brauch, den noch die burgenländischen Ungarn betreiben

Die Ungarn im Burgenland sind die Nachfahren der ehemaligen ungarischen Grenzwächter, die seit 1000 Jahren hier ansässig sind. Schon in der Zeit, als dieses Gebiet zu Ungarn gehörte (bis 1921) ist das Gebiet zu einer Sprachinsel geworden. Deshalb hat sich manche Tradition bis heute gehalten.

Schon seit jeher zogen in der Gegend von Unterwart und Oberwart in der Vorweihnachtszeit um Barbara, Nikolaus, aber besonders am Luzienvorabend verkleidete Gruppen von Haus zu Haus und entboten ihre Grüße und guten Wünsche. Warum noch im alten Jahr, so weit vom Neujahrstermin entfernt? Der Luziengang, auf Ungarisch „lucázás", ist auf das mittelalterliche Neujahrsfest zurückzuführen. Vor der Kalenderreform Papst Gregors XIII. im Jahre 1582 war der 13. Dezember der kürzeste Tag im Jahr. Licht – lateinisch Lux – steckt im Namen der heiligen Lucia, deren Fest aus gutem Grund zu dem Termin angesetzt wurde.

Wie ist die junge Dame überhaupt zum Licht gekommen? Da gibt es die schöne Legende, dass Lucia von Syrakus, eine frühchristliche Märtyrerin, ihr Leben eigentlich Gott weihen und unverheiratet bleiben wollte. Der für sie vorgesehene Ehemann soll besonders ihre Augen bewundert haben - daraufhin habe sich Lucia die Augäpfel herausgerissen und sie ihm in einer Schüssel übersandt. Die Gottesmutter habe ihr daraufhin noch schönere Augen gegeben, berichtet die Sage ... Das Augenpaar ist jedenfalls Lucias Attribut geworden, und sie gilt deshalb als Patronin gegen Augenleiden.

Das Luziengehen am Nachmittag beziehungsweise Abend des Vortages, also am 12. Dezember, wird seit einigen Jahren in Unterwart auf Vereinsebene organisiert und von Unterwarter Volksschülern weiter gepflegt. Früher war es Sache der männlichen Bevölkerung, jetzt stecken natürlich auch viele Mädchen hinter den Luzel-Verkleidungen. Jugendliche verhüllen ihre Gesichter sowie den ganzen Körper in Weiß, mit Vorhängen, Laken, Kopftüchern. In der Hand schwingen sie einen Kochlöffel. Vor oder in den Häusern teilen sie an die Bewohner leichte Schläge aus. Dazu wird das sogenannte Luzienlied, eine traditionelle, in Versform zu singende Fruchtbarkeitsformel, vorgetragen: „Luca, Luca kity-koty, kity-koty, / Gelegenye kettő, három ..." Übersetzt heißt es da unter anderem: „Trockene Birnen erwarte ich. Wenn ich keinen Speck bekomme, schneide ich den Balken ab. Wenn ich keine Blutwurst bekomme, nehme ich Judit mit."

Luzeln, Lutzeln oder Lutzger sind früher auch im Wechselgebiet und in Niederösterreich umgegangen, im Gebiet der March und der Thaya – aber dort ist der Brauch längst abgekommen.

WO: Ein Umzugsbrauch in Unterwart (Burgenland).

WANN: Am Vortag des Fests der heiligen Lucia, also am 12. Dezember.

INFORMATIONEN: UMIZ – Ungarisches Medien- und Informationszentrum, 7501 Unterwart 230, Telefon: 03352 312 87-0, Internet: www.umiz.at, E-Mail: office@umiz.at

Im Trommelschlag des Todes

Das geheimnisvolle Treiben der „Wilden Gjoad" am Fuß des Untersbergs

Gleich einem Sturmwind braust der Geisterzug heran, verworrenes Geheul schallt durch die Lüfte, man hört Pferde wiehern, Hunde bellen, Peitschenknallen und Jagdrufe ..." So eine im 19. Jahrhundert niedergeschriebene Sage, an die der gute Rat geknüpft ist, sich nur ja augenblicklich auf den Boden zu werfen und das Gesicht auf die Erde zu pressen, wenn der Geisterzug der „Wilden Jagd" vorbei zieht.

Auch die reale Wilde Jagd kommt urplötzlich, unerwartet daher, denn die Träger dieses Brauchs, den es seit 1949 gibt, verraten nicht, wo sie umgehen werden. Es passiert irgendwo in einer der Gemeinden am Fuße des Untersbergs oder im Süden der Stadt Salzburg. Jahr für Jahr sucht sich die „Brauchtumsgruppe Jung Alpenland" ein Ziel (oder wird vom jeweiligen Bürgermeister eingeladen). Sicher ist bloß: Am Donnerstag der zweiten und dritten Adventwoche ist's so weit – aber der Ort bleibt so geheim wie nur möglich. Es braucht also schon ein wenig Glück (oder eben Insider-Verbindungen), um Augenzeuge der Wilden Jagd zu werden.

Die Vorpercht ist als erste unterwegs, klopft urplötzlich an Fenster und Türen und ruft: „Glück hinein, Unglück heraus, es ziagt die Wilde Gjoad ums Haus." Und da vernimmt man auch schon den Schlag des Todes – er ist mit seiner Trommel sozusagen der Zeremonienmeister des pandämonischen Umzugs. Ein Rabe ist auch dabei, er hängt mit der Sage von Kaiser Karl zusammen, der im Untersberg bekanntlich so lange schläft, wie Raben um den Berg kreisen.

Der „Baumwercher" trägt eine skurrile Wurzelstock-Maske und ist mit Reisig kostümiert, seine Begleiterin ist das „Moosweibl“: Sie stehen für das Zwergenvolk – auch eine stattliche Population in den Untersberg-Gefilden. Der „Saurüssel“ ist eine Schiachpercht schlechthin. Der „Hahnengickerl“ mit seinen angenähten Vogelfedern macht Papageno Konkurrenz. Sein Schrei vertreibt angeblich sogar den Teufel.

Ein langes Gesicht macht der „Riese Abfalter“, bärtig, in Rot gekleidet. Er sieht aus, als ob ein Krampus im Spiegelkabinett vor einen Zerrspiegel gekommen wäre. Bär und Bärentreiber haben einen Auftritt, eine Hexe geht um und schließlich – als Spaßvogel in der Gruppe – die freche Habergoaß, zu der man lieber Abstand hält.

Ein eigenwilliges Volk ist da also beisammen, ein Konglomerat aus Figuren aus der Sagen-Unterwelt des Untersbergs und seiner Umgebung, aus archaischen Winterfiguren (wie Bär und Bärentreiber) oder populären Figuren, die immer wieder irgendwo im Alpenbrauchtum in unterschiedlichem Zusammenhang auftauchen (wie die Habergoaß).

Wie sind sie alle in einen Perchtenzug geraten? Die Wilde Jagd ist ein klassischer erfundener Brauch. Noch dazu erfunden von dem Brauchtums-Spezialisten Kuno Brandauer, der sich zwar unschätzbar verdient gemacht hat um Dokumentation, Bewahrung und Weiterentwicklung von Volkskultur in Salzburg, der andrerseits in der Hitlerzeit einer der Hauptprotagonisten war bei der Umsetzung dessen, was man damals „praktische Volkstumsarbeit“ nannte. Dessen ungeachtet ist Kuno Brandauer bald nach dem Krieg als der oberste Brauchtumsbeamte des Landes Salzburg eingesetzt worden und blieb es bis in die 60er-Jahre. Und noch heute freut sich so mancher aus der Brauchtumsszene, wenn er die „Kuno-Brandauer-Medaille“ verliehen bekommt: Vergangenheitsbewältigung auf Österreichisch!

Wie dem auch sei: Kuno Brandauer wollte von seinem Vater vom angeblich bis 1880 betriebenen Perchtenlauf, der Wilden Jagd, gehört haben. Und ein Zeitzeuge wollte sich an Masken aus dem 19. Jahrhundert erinnern, die

er angeblich noch in einem Bauernhof in Anif gesehen hatte. Brandauer und andere engagierte Leute machten sich also ans „originalgetreue Design" der Wilden Jagd. Keine Rede also, was man gelegentlich lesen kann: dass es sich um einen archaischen, urmythischen Brauch handle.

Bald 60 Jahre ist aber auch schon ein schönes Alter für einen Brauch. Die 12 Personen der Wilden Jagd – die Zahl wird strikt eingehalten, Figuren und Dramaturgie sind ein für alle Mal festgeschrieben – wirken so farbenfroh wie geheimnisvoll. Dass man die Wilde Jagd nicht zum Gästespektakel verwandelt hat, was im Umkreis der Ganzjahres-Touristenstadt durchaus nahe läge, macht sie sympathisch. Man verzichtet auch dezidiert aufs Abkassieren und heischt auch nicht nach Spenden.

Vom spektakulär-verschwiegenen Auftritt der Wilden Jagd bekommen schließlich doch jedes Jahr einige Leute rechtzeitig Wind, sodass es auch manche Zaungäste beim Treiben rund um die Bauernhäuser im südlichen Weichbild der Festspielstadt gibt. Die meisten Touristen bleiben freilich auf dem Christkindlmarkt und haben vom so nahen, buntscheckigen Perchtentreiben in den ersten beiden der drei traditionellen Klöpfelnächte nicht die mindeste Ahnung.

WO: Jeweils in einer der Salzburger Untersberg-Gemeinden oder in den südlichen Stadtteilen Salzburgs. Das genaue „Wo" ist seit 1949 Jahr für Jahr ein (fast) perfekt gehütetes Geheimnis.

WANN: Am Donnerstag in der zweiten und dritten Adventwoche, nach Einbruch der Dunkelheit.

Backe, backe (Leb-)Kuchen

Der Adventmarkt im Mariazell und ein Ausflug in die Geschichte des Lebzelter-Handwerks

Weihnachten und Backwerk, Begriffe wie ein siamesischer Zwilling. Und Lebkuchen – das gilt manchen als die Königsdisziplin. Wie überall im Lebzeltgewerbe ist auch das genaue Rezept der Mariazeller Lebkuchen ein streng gehütetes Familiengeheimnis. Es wird im Safe aufbewahrt und innerhalb der Familie von Generation zu Generation weitergegeben. Es gilt auch heute noch als „kostbarster Schatz" des süßen Handwerks.

Aber zuschauen, wie's gemacht wird, das darf man. Eine Führung durch Pirkers Schaubackstube in Mariazell zeigt anschaulich, wie die Lebzelten aus dem honiggelben Teig ausgestochen, gefüllt, verziert und gebacken werden. Wer selbst kreativ tätig sein möchte, verziert ein Lebkuchenherz. So fühlt man sich fast zurückversetzt in die eigenen Kindheitstage, als man der Großmutter noch beim Backen über die Schulter schauen und ab und zu ein Stückchen verkosten durfte.

Zu einem Wallfahrtsort wie Mariazell gehören Andenkenstände mit den traditionellen Lebzeltherzen einfach dazu. Und erst recht sind die Lebkuchen nicht vom Adventmarkt, einem der stimmungsvollsten im Lande, wegzudenken: Dort wird nicht nur vor der Mariazeller Basilika jedes Jahr der weltgrößte Adventkranz aufgehängt, mit einem Durchmesser von stattlichen zwölf Metern. Läppische sechs Tonnen wiegt er. Rekordverdächtig ist auch das fünf Meter hohe Lebkuchenhaus: 3000 Honiglebkuchenziegel. Keine Sorge, dass es unter Schnee zusammenbricht: Es steht unter Dach, im Raiffeisensaal. Dort gibt es auch das „Engerlpostamt" – die Engerl sind verkleidete Jugendliche, ihnen können die Kleinen die Wunschbriefe diktieren. Die Post wird natürlich ans Christkind (das die Eltern angeben) weitergeleitet.

Wie kommen eigentlich die Lebzelten zur Wallfahrt? Alles von der Biene, das ist die Antwort. Zuerst war natürlich das Wachs für Kerzen und Wachsstöckl in der Wallfahrtskirche gefragt. Und da Bienenwachs – wie der Name schon sagt – bei der Honigproduktion gewonnen wird, war Honig in Hülle und Fülle vorhanden. So wurde die Idee des Lebkuchenbackens geboren, denn auch die Wallfahrer wollten auf ihren langen Fußmärschen gut verpflegt werden. Das nahrhafte Honiggebäck diente als kraftspendende Wegzehrung und zeichnet sich bis heute durch besonders lange Haltbarkeit aus.

Was soll man sich unter einem „Fünfmandler" vorstellen? Es ist der Klassiker schlechthin unter den Mariazeller Lebkuchen, in typisch rechteckiger Lebkuchenform und mit fünf Mandeln belegt. „Pumpernickl" ist kein schwarzes, grobkörniges Brot sondern ein Früchte-Lebkuchen, saftig gefüllt und mit Zucker-Rumglasur bestrichen. Und erst die kreisrunden Elisen! Eine besonders feine Lebkuchen-Spezialität, ganz ohne Mehl nur aus Mandeln und Nüssen gemacht und auf Oblaten gebacken ...

Die Erzeugung von süßen Lebzelten und Honigwein gehörte zum traditionellen Handwerk eines Wachsziehers. Das uralte Gewerbe des „Lebzelters, Wachsziehers und Metsieders" hat hier seinen historischen Ursprung. Im einschlägigen Leitbetrieb der Region, Pirkers Lebzelterei, gibt es Führungen und auch ein Museum zum Thema.

Minimundus in Mariazell? In der Sonderausstellung „Lebzelt, Wachs und Honigwein" im Hotel Goldener Löwe der Lebzelterfamilie Pirker sind die Basilika und der Mariazeller Stadtkern aus Lebkuchen und Marzipan geformt, künstlerisch gestaltet und aufwendig bemalt. Aber nicht knuspern! Das sollte man lieber Hänsel und Gretel überlassen, mehrere Stationen des Märchens wurden liebevoll aus Lebkuchen nachgebildet.

Wer mehr über alte Weihnachtsbräuche und die Geschichte vom Christbaum, vom Nikolaus und vom Krampus wissen will, ist hier ebenfalls richtig. Dazu veranschaulichen große Schautafeln und alte Meistermodeln den Beruf des Lebzelters von den Lehrjahren bis hin zum Meister. Traditionelle Lebzelt-Werkzeuge, Gewürze und ein gefüllter Teigtrog machen die Geschichte des Handwerks anschaulich.

WO: In Mariazell, dem wichtigsten steirischen Wallfahrtsort.

WANN: Der Mariazeller Adventmarkt (auf dem Hauptplatz vor der Basilika) hat jedes Jahr an den vier Adventwochenenden von Freitag bis Sonntag geöffnet.

INFORMATIONEN: Mariazeller Adventmarkt, Telefon: 03882 2366, Internet: www.mariazeller-advent.at, E-Mail: advent@mariazeller-land.at Anmeldung zum Führungsprogramm durch die Lebzelterei Pirker, Telefon: 03882 2179-0, Internet: www.pirker-lebkuchen.at, E-Mail: mariazell@pirker-lebkuchen.at

„Eine Adventfreude eigener Art“

Adventsingen in der Stadt Salzburg

Am Ende intoniert einer der Dreigesänge das berühmte „Tjo tjo-i-ri“, und der Chor wiederholt die Weise. Da weiß das Publikum, wissen die 2000 Besucher im Großen Festspielhaus, was zu tun ist. Sie stehen auf und stimmen in den Andachtsjodler ein. So ist es seit 60 Jahren, und egal, ob es nun mehr ein traditionelles Adventsingen war oder ob auch modernere, ehrgeizigere Musik und zeitgemäße Texte eingeflossen sind – der Andachtsjodler muss einfach am Ende des Adventsingens stehen. Und er greift ans Herz. Das müssen sogar kritischere Geister zugeben.

Zwei Menschen assoziiert man mit dem „Salzburger Adventsingen“: Tobi Reiser und Karl Heinrich Waggerl. Der Musikant, Sänger und Heimatpfleger Tobi Reiser versammelte im Dezember 1946 Freunde und Bekannte zu einem gemeinsamen adventlichen Singen und Musizieren. Nicht mehr als 40 Zuhörer in einem ungeheizten Raum: Wer von ihnen hätte geahnt, dass damit etwas geboren war, was – nach den Salzburger Festspielen und den Salzburger Kulturtagen – zur publikumsstärksten Salzburger Kulturveranstaltung im Jahrlauf werden sollte? Rund 35.000 Besucher zählt man Jahr für Jahr bei den 16 Aufführungen im Großen Festspielhaus. Aber das gab es 1946 noch nicht. Ab 1950 sang

„Salzburger Adventsingen“

und musizierte man erst im Kaisersaal der Residenz. Als dieser zu klein wurde, ging man in die Große Aula der Universität. 1960 dann der – durchaus nicht unumstrittene – Sprung ins brandneue Große Festspielhaus. Volksmusik vor 4000 Ohren?

Dazu muss man wissen, dass viele Menschen ein eher nostalgisches Bild haben vom „Salzburger Adventsingen", sich die Veranstaltung aber durchaus eigenwillig weiterentwickelt hat. Viele ältere Menschen erinnern sich ja an Tobi Reisers Musizieren und an die Lesungen von Karl Heinrich Waggerl, der ab 1952 dabei war: Salzburger und bayerische Musikanten, Spielszenen mit Tresterern, Perchtentänzen und Glöcklern. „Was ich als Kind in meiner Heimat, im Gebirge, erlebt habe, wollte ich den Stadtleuten wiedergeben und ihnen so eine Adventfreude eigener Art machen", erklärte Tobi Reiser.

Seit 1950 ist das Spiel der Hirtenkinder geradezu unverzichtbar. Wenn sie sich auf den Weg zum Jesuskind machen, wenn sie überlegen, was sie ihm schenken könnten und schließlich ihre Musik und einen „Schleuniger" (ein rhythmisches Klatschen zu gesungenen Gstanzl'n) hören lassen, haben sie immer die Herzen der Zuschauer auf ihrer Seite.

„Tobi Reiser Adventsingen"

Mit dem Tod von Karl Heinrich Waggerl (1897–1973) und Tobi Reiser (1907–1974) gab es eine Zäsur. Sohn Tobias Reiser (1946–1999) erkannte, dass der riesige Raum nach anderen Lösungen verlangte. Er entwickelte die Form eines „szenischen Oratoriums“, lud zeitgenössische Komponisten ein. Neukompositionen und traditionelle Weisen (Dreigesänge, Chorsätze, Instrumentalstücke) wurden in spannenden Kontrast zueinander gesetzt. In die Spielszenen wurden heutige Themen eingeführt: Da war bei der Herbergssuche plötzlich Fremdenfeindlichkeit ein Thema oder es wurde die Rolle der Frau kritisch hinterfragt.

Nicht immer sind diese Neuerungen widerspruchslos zur Kenntnis genommen worden. Andere Veranstalter am Ort witterten die Chance, indem sie folkloristisch Leichtgewichtiges anboten. Unterdessen buhlen im Adventland Salzburg (dass es ein solches sei, verkünden große Werbetafeln an den Haupteinfahrtstraßen ins Bundesland) mehrere Adventsingen-Imitate um die Gunst des Publikums. Kommerz und Kitsch sind durchaus ein Thema, wogegen man beim „echten“ Adventsingen sehr auf Stil und künstlerische Gestaltung bedacht ist.

Eine ganz neue Entwicklung: Das „Ensemble Tobias Reiser“ – über all die Jahrzehnte eine Säule des Adventsingens, hat sich vom Spiel im Großen Haus verabschiedet und macht seit Advent 2006 sein eigenes „Tobi Reiser Adventsingen“: wieder in kleinerem Rahmen (in der Großen Aula der Universität, gegenüber den Festspielhäusern). So gibt es neuerdings also auf beiden Seiten der Hofstallgasse im Festspielbezirk je ein Adventsingen, ein jedes veranstaltet von Leuten, die noch mit Tobi Reiser dem Älteren zusammengearbeitet haben und sich auf die direkte Traditionslinie berufen. Du glückliches Adventland Salzburg!

WO: Das „Salzburger Adventsingen“ findet im Großen Festspielhaus statt, das „Tobi Reiser Adventsingen“ in der Großen Aula der Universität Salzburg.

WANN: An den ersten drei Wochenenden im Advent und zu Maria Empfängnis (8. Dezember).

INFORMATIONEN: „Salzburger Adventsingen“ per Adresse
Salzburger Heimatwerk, Residenzplatz 9, 5010 Salzburg, Telefon: 0662 84 31 82,
Internet: www.salzburgeradventsingen.at, E-Mail: sbg.adventsingen@heimatwerk.at
„Tobi Reiser Adventsingen“, Information und Karten über das Ticketcenter Polzer,
Residenzplatz 3, 5020 Salzburg, Telefon: 0662 89 69 bzw. 0800 84 65 00,
Internet: www.polzer.com, E-Mail: office@polzer.com

Rund um die drei „Klöpfelnächte“

Zwischen Heischebrauch und geistlichem Spiel:
Von den „Alpbacher Böm“ bis zum „Dürrnberger Klöckelsingen“

Heut’ ist die heilige Klöpfelnacht, / Wo man Nudl und Küchl bacht, / Nudl heraus, Küchl heraus! / Oder wir schlagen ein Loch ins Haus!“ Die Aufforderung in diesem alten Klöpflerlied ist unmissverständlich, und sie sagt auch einiges aus über die Ursprünge des „Anklöpfelns“. Es ist in Tirol ebenso populär wie in Salzburg, wo man auch „Anklöckeln“ oder „Anglöckeln“ dazu sagt. Es ist ein typischer Sozialbrauch. Arme Leute und Kinder zogen von Haus zu Haus, sangen Lieder vom Nahen des Erlösers. Eine religiöse Überlegung, die dahinter stand: Arme, Kinder und Kranke galten als besonders begnadigt, das Kommen des Heilands vorherzusehen.

Nach der Reformation hat sich das Umherziehen von Sängergruppen ausgeweitet auf weitere Bevölkerungsschichten. Im Winter arbeitslose Menschen, etwa Schiffsleute und Bergknappen waren besonders emsige Anklöpfler beziehungsweise Anklöckler. Auch Lateinschüler machten sich auf den Weg und Bruderschaften heischten Gaben für ihre karitative Tätigkeit. In einem Osttiroler Gebetsbuch aus dem Jahr 1619 findet sich eine Anleitung „wie man die drey Donnerstag vor Weihnachten soll geistlich anklöpfeln“.

Die drei Donnerstage vor Weihnachten nämlich sind die traditionellen Klöpfelnächte. Auch dafür ein unmittelbarer biblischer Ansatzpunkt: An einem Donnerstag fand das letzte Abendmahl statt. Es war ein ungeschriebenes Gesetz, dass die Hausbesitzer die Anklöpfler zu bewirten hatten – christliche Nächstenliebe zu üben, war gerade vor Weihnachten sinnfällig.

Es lag nahe, dass sich einzelne in der Sängergruppe als Maria, Josef und Wirt verkleideten. Der dialogische Gesang „Wer klopfet an?" wurde zum Klöpfellied schlechthin. Das Herbergssuchen ist zwar ein eigenständiger Brauch – er kommt von den geistlichen Spielen im klösterlichen Bereich her –, aber in Wirklichkeit ist er mit dem Anklöpfeln längst verschmolzen.

In Alpbach in Tirol gibt es einen eigentümlichen Brauch in den Klöpfelnächten, der deutlich zeigt, dass das Anklöpfeln nicht zwingend eine christliche Komponente haben muss: das „Böm gea". „Böhmen" steckt im rätselhaften Wort, der Brauch geht also zurück auf eine Zeit, da böhmische Wanderhändler und Handwerksburschen durchs Land zogen. Vielleicht haben sie als erste diesen Heischebrauch in Alpbach betrieben? Als Böm verkleidet gehen (heutzutage freilich nur noch sehr selten) junge Männer um, eine bunt zusammengewürfelte Gruppe: Schuster, Schreiner, Tischler. Mit entsprechendem Werkzeug stellen sie ihre Berufe vor. Wenn „die Bem kiman", dann sind gelegentlich auch Musiker mit Zugin (Ziehharmonika), Gitarre und Bass sowie Tänzer mit von der Partie.

Aber im Regelfall geht es in den Klöpfelnächten fromm zu. Auf dem Dürrnberg bei Hallein waren einst „Glöckelbeter" unterwegs, und ab dem ausgehenden 19. Jahrhundert ist das „Klöckelsingen" greifbar. In der Zwischenkriegszeit nahm sich der Kirchenchor dort des Brauchs an, in der NS-Zeit wurde er natürlich verboten, danach machten sich wieder Chorsänger auf den Weg. Zwei Sängergruppen sind derzeit an den betreffenden Donnerstagen unterwegs, das heilige Paar, der hartherzige Wirt, als Hirten verkleidete Sänger und Blockflötenspielerinnen mit herzigen Rauschebärten.

Manche Klöpfelgruppe in Tirol kommt in kühnen Hadern-Gewändern daher und gleicht schon beinah den Perchten, eher ist aber ein Hirtengewand üblich. Vielerorts kommen die Sänger aber auch in Zivil, tragen Adventlieder vor und erbitten Gaben für soziale Zwecke. Von der Kindergruppe bis zur Kirchenchor-Delegation, vom Mädchen-Dreigesang bis zum Männerquartett – in der Stadt Salzburg geht sogar der Dompfarrer mit einigen Freunden Jahr für Jahr Anklöckeln.

WO: Das Anklöckeln oder Anklöpfeln ist vor allem in Tirol und Salzburg üblich.

WANN: Mit den Klöpfelnächten (den drei Donnerstagen vor Weihnachten) nimmt man es nicht mehr so genau; man geht, wann Zeit ist – und wenn man auch die Besuchten am verlässlichsten daheim antrifft.

INFORMATIONEN: Den – weitgehend privaten – Umzugsbrauch wird man kaum irgendwo beobachten können; am ehesten wissen Tourismusverbände, ob und wann Anklöpfler im Rahmen von Brauchtumsveranstaltungen auftreten.

Eine Herberge für Maria

Das „Frautragen“ wird von vielen Pfarren gefördert – Die Oberndorfer „Frautragerinnen“ sind den ganzen Advent hindurch unterwegs

Es war kein Platz in der Herberge“, heißt es im Lukasevangelium. Nun soll es Maria besser gehen: Den Advent hindurch wird ein Bild auf die Reise geschickt, meist die Kopie eines Stichs oder die Fotografie eines Gemäldes. Jeden Abend wird es an eine Familie in der Nachbarschaft weitergereicht. Die Frömmigkeit ist unterschiedlich, und so kann die Übergabe zu einer kleinen privaten Adventfeier werden, oder es kann bei einer kurzen, förmlichen Übergabe bleiben.

Es ist wohl kein Wunder, dass das Frautragen neuerdings wieder aufgekommen ist: Angesichts deutlich sinkender Besucherzahlen in den Sonntagsgottesdiensten stellt sich in den Pfarren die Frage, wie man an die Menschen herankommt. Fürs „Wohnviertelapostolat“, wie die Mission im engeren Umfeld im katechetischen Sprachgebrauch heißt, kommt das Frautragen gerade recht. So bringt sich die Pfarre wieder in Erinnerung ...

Barbara Göschl von der Katholischen Frauenbewegung in der Pfarre Saalfelden erzählt, dass das Frautragen dort nach dem Krieg eingeführt worden sei. „Schon seit Jahren“ gebe es einen fixen Plan, zu welchem Datum welche Familie an der Reihe sei. An die zehn Bilder sind unterwegs im großen Pfarrgebiet; in der Samstagabendmesse vor dem ersten Advent bekommen die Bilder in der Kirche den „Reisesegen“. Den Bildern liegt ein Begleitbüchlein mit Gebeten und Gesängen bei.

Besonderen Reiz hat das Frautragen im Salzburger Oberndorf – und es hat dort eine lange Geschichte: Der Lehrer Hermann Rasp hatte in den 20er-Jahren schon das ehemals dort praktizierte Anklöckeln (der im Winter arbeitslosen Salzachschiffer) aufleben lassen. 1934 fand er bei einem Altwarenhändler ein Bild von Maria und Josef – und da kam ihm die Idee, auch seine Frau im Advent loszuschicken. Man sammelte einige Sängerinnen, und fortan zog Klara Rasp mit der Gruppe von Haus zu Haus. Der Brauch hat nie aufgehört, obwohl er während der NS-Zeit verboten war. „Damals ging Klara Rasp nur zu den engsten Nachbarn.“ 1981 hat Maria Neumeier die Leitung der Oberndorfer Frautragerinnen übernommen und ein Vierteljahrhundert den Brauch gepflegt. Nun führt ihn die jüngere Katharina Niederreiter fort.

Die Frautragerinnen haben alte Schultertücher, „wie sie früher Bäuerinnen beim Kirchgang trugen“. Und seit die Mädchen Jeans anhaben, hat man sich für schwarze Röcke entschieden, die übergezogen werden. Schwarze Kopftücher, brennende Kerzen in der Hand – so zieht eine Frau mit sechs bis acht Mädchen los. Jeden Abend, die ganze Adventzeit hindurch, macht man Familien die Aufwartung. Sieben bis zehn sind es pro Abend, und bei der jeweils letzten bleibt das große Bild im Biedermeierrahmen über Nacht.

Der Besuch ist mit Gesang und gemeinsamem Gebet verbunden, und was gespendet wird, geht an soziale Projekte nah und fern (auch an die Aktion „Bruder in Not"). Es sei nicht mehr leicht, Mädchen zu finden, heißt es. „Die kleineren können nicht mehr zweistimmig singen, und wenn sie größer sind, schämen sie sich für die ‚Bettelkleider'", bedauert Maria Neumeier. Aber bisher hat sich immer noch eine fleißige Gruppe von Frautragerinnen bereit gefunden für die fast vierwöchige, allabendliche Tour.

In Michaelbeuern wird eine kleine Statue herumgetragen, auch im Salzburger Pongau und mancherorts in Tirol. Im Barock hat sich das Frautragen als eigenständiger Brauch eingebürgert, sozusagen als private Weiterführung von volksliturgischen Spielen. Die Novene vor Weihnachten, also die neun Abende vom 16. bis zum 24. Dezember, war der übliche Zeitrahmen fürs Frautragen. Eine beliebte Darstellung auf alten Holztafeln für diesen Anlass ist natürlich die „Maria gravida", die schwangere Gottesmutter.

WO: Ursprünglich vor allem in Salzburg und Tirol, neuerdings wurde das Frautragen aber auch in anderen Bundesländern aufgegriffen.

WANN: Ein Hausbrauch entweder den ganzen Advent hindurch oder in den letzten neun Tagen vor Weihnachten.

INFORMATIONEN: Katholisches Pfarramt Oberndorf, Kirchplatz 8, 5110 Oberndorf, Telefon: 0 62 72 43 110 – Katholisches Pfarramt Saalfelden, Loferer Straße 11, 5760 Saalfelden, Telefon: 0 65 82 72 38 276

Jesus wird zum Bergbauernbub

Xandi Schläffer – Österreichs bekanntester Schöpfer alpenländischer Weihnachtskrippen

Jetzt nimmt der Xandi seine Buckelkraxen und geht Bäume holen", sagten die Leute im Dorf, wenn Alexander „Xandi" Schläffer sich wieder einmal von Saalfelden im Salzburgischen Pinzgau aus auf den Weg bergwärts machte. Der Krippenbauer, einer der Namhaftesten in Österreich, hat natürlich nicht ganze Bäume geholt. Ihm ging es um die besonders bizarr geformten Zweige der Wetterfichten, die dort oben nahe der Baumgrenze ordentlich vom Wind zerzaust wurden und kaum Rinde ansetzten. Diese Zweige der Wetterfichten sind eines der typischen Merkmale in den alpenländischen Weihnachtskrippen des Xandi Schläffer (1899–1984).

Saalfeldner Krippe von Xandi Schläffer aus dem Heimatmuseum Schloss Ritzen

Er hat die österreichische Krippenkunst wie kein anderer international bekannt gemacht. Als man für die Weltkunstausstellung im Rahmen der Sommerolympiade 1968 in Mexico City nach einem für unser Land repräsentativen Schaustück suchte, kam man nicht von ungefähr auf Xandi Schläffer. Diese Olympiakrippe ist eine große Landschaftskrippe, ein detailverliebtes

Abbild des Lebens in den Alpen: eine Fundgrube für all jene, die sich für Volkskunde interessieren. Wie andere Krippenbauer rund um den Erdball hat auch Xandi Schläffer seine eigene Lebenserfahrung eingebracht, die biblische Geschichte in seine vertraute alpenländische Welt übertragen. Das ist ja das Liebenswerte an der alpenländischen Krippe: dass das Wunder der Menschwerdung Gottes in der älplerischen „Erdung" erst so recht greifbar wird.

So berühmt er als Krippenbauer war – er betrieb diese Tätigkeit nie „professionell". Auch als sich nach dem Zweiten Weltkrieg sein Name rasch herumsprach und Bestellungen aus aller Welt eingingen, blieb der Lebenskünstler Xandi Schläffer unbeugsam. Das Krippenbauen war für ihn stimmungsmäßige Saisonarbeit und niemals gewerbsmäßige Serienproduktion. Die Auftraggeber mussten schon ein paar Jahre warten und wurden oft vertröstet. Umso wertvoller sind ihnen jetzt die echten Krippen des Xandi Schläffer: Kaum einmal kommt ein solches Stück in den Antiquitätenhandel.

Woran man eine Krippe von Xandi Schläffer sofort erkennt: Es sind die kaschierten Figuren, die er sizilianischen Vorbildern abgeschaut hat. Diese Figuren bestehen aus einem Holzstab als Körper, an den mit Draht-Gliedmaßen die Köpfe, Hände und Füße angesetzt werden. Dann werden Gewänder zugeschnitten, in Leim getaucht und appliziert. Kaschierte, also mit Leim gefestigte Gewänder, sind unempfindlicher und erlauben auch, den Figuren große Gesten zu geben. Für Schläffer-Figuren typisch sind die langen Gliedmaßen, die ausgreifenden Bewegungen. Die Köpfe sind nicht holzgeschnitzt oder aus Ton geformt, sondern aus einem von Xandi Schläffer selbst entwickelten Material in Gips-Modeln gepresst. Die genaue Zusammensetzung hat Schläffer geheimgehalten. Die Spachtelmasse besteht unter anderem aus Roggenmehl und Leim.

Schläffer-Krippen haben in den Vereinigten Staaten und Kanada, in Frankreich, England, Deutschland und Italien Käufer gefunden. Eine ist sogar nach Indien gebracht worden – ein Ankauf der Österreichischen Botschaft. Große Kirchenkrippen von Xandi Schläffer gibt es im Salzburger Land, zum Beispiel in Maria Kirchental, Weissenbach und Rauris.

Das Heimatmuseum Schloss Ritzen ist eine der ersten Adressen in Österreich für das Genre „Alpenländische Weihnachtskrippen". „Wir zählen zu den Großen", sagt Obmann Adi Wieser. Natürlich beherbergt dieses Museum auch viele Werke von dem Grandseigneur der alpenländischen Krippenbaukunst in Salzburg, Xandi Schläffer. – Die Olympiakrippe und eine weitere Krippe aus seiner Hand gehören dem Salzburg Museum.

Völlig logisch, dass im Saalachtal der Krippenbau sozusagen in der Luft liegt. Lofer zum Beispiel verwandelt sich jeden Advent in ein Krippendorf. Seit über 20 Jahren werden dort Krippenbaukurse veranstaltet, und in der Zeit haben über 500 Teilnehmer mehr als 800 Krippen gebaut. Loferer Krippenbauer stellen ihre Werke – von der Heimatkrippe über orientalische Krippenlandschaften bis zu Wurzel- und Baumschwammkrippen – im Advent und vor allem auch über die Weihnachtsfeiertage bis Dreikönig in den Loferer Auslagen aus. Tradition hat der große Krippen-Verkaufsmarkt, der im Regelfall am vierten Adventwochenende stattfindet.

WO: Das Heimatmuseum Schloss Ritzen (Saalfelden, Salzburg) hat eine der größten Sammlungen Alpenländischer Krippen überhaupt. Die jährliche Krippenschau im Salzburg Museum (früher SMCA) gehört zu den Magneten des Salzburger Advents.

WANN: Das Heimatmuseum Schloss Ritzen hat in den Monaten Jänner, Februar, Mai, Juni, Oktober und Dezember jeweils Mi, Sa, So und an Feiertagen von 14–17 Uhr, von 24. Dezember bis 6. Jänner täglich, ebenfalls jeweils 14–17 Uhr geöffnet. Im Juli, August und September täglich von 11–17 Uhr, wobei Montag Ruhetag ist. In den Monaten März, April und November ist das Heimatmuseum geschlossen.
Die jährliche Krippenausstellung im Salzburg Museum dauert vom ersten Advent bis Maria Lichtmess (2. Februar).
Der große Krippen-Verkaufsmarkt in Lofer findet am letzten Wochenende vor Weihnachten statt.

INFORMATIONEN: Heimatmuseum Schloss Ritzen, 5760 Saalfelden,
Telefon: 06582 727 59, Internet: www.museum-saalfelden.at,
E-Mail: museum.saalfelden@sbg.at – Salzburg Museum, Neue Residenz,
Mozartplatz 1, 5010 Salzburg, Telefon: 0662 620 808-300,
Internet: www.salzburgmuseum.at, E-Mail: office@salzburgmuseum.at
Tourismusverband Salzburger Saalachtal, 5090 Lofer 310, Telefon: 06588 8321-0,
Internet: www.lofer.com, E-Mail: info@lofer.com

O Jubel, o Freud

**„Steirische Hirten- und Krippenlieder“:
die Urmutter jedes Adventsingens in Österreich**

Manches Lied, das hier erklungen ist, hat voll eingeschlagen, zum Beispiel „O Jubel, o Freud“. Lois Steiner (1907–1989), ein emsiger Musikpädagoge und Liedsammler, hat es in seiner obersteirischen Heimat, der Karchau nahe dem Kloster St. Lambrecht, im Jahr 1935 aufgezeichnet. Bald fand es Eingang in den unverzichtbaren Weihnachtslieder-Kanon – nicht bloß in so gut wie alle österreichischen Liederbücher, die seither veröffentlicht wurden, sondern als tatsächlich lebendiges Gut.

Ein anderes Beispiel ist „Es wird scho glei dumpa“. Als „Christkindl-Wiegenlied“ ist es 1913 in einer Sammlung „Echter Tirolerlieder“ aufgetaucht, der steirische Volksmusiksammler Viktor Zack hat es 1918 in die „Alten Hirten- und Krippenlieder“ aufgenommen. Nur wenige Adventlieder können sich an Popularität mit „Es wird scho glei dumpa“ messen.

Steirische Hirten- und Krippenlieder – Eine kleine, liebenswerte Sache, die da am 23. Dezember 1916, mitten im Ersten Weltkrieg, ihren Ausgang nahm. Dass man gerade hier damit begann, hat einen guten Grund: Im Jahr 1904 wurde das Unternehmen „Das Volkslied in Österreich“ gegründet. Eine repräsentative Ausgabe der Volkslieder, Tänze, Sprüche aller ethnischen Gruppen der Donaumonarchie sollte entstehen. In jedem Kronland wurde ein Arbeitsausschuss aus Fachleuten eingerichtet, um die Sammeltätigkeit zu

koordinieren. In der Steiermark war Josef Pommer (1845–1918), damals die Autorität schlechthin in Sachen Volksliedforschung, verantwortlich. Die von ihm aufgezeichneten Materialien bilden heute einen wichtigen Teil der umfassenden Handschriftensammlung. Das „Steirische Volksliedwerk“ verdankt Josef Pommer sein wertvolles Grundkapital, nämlich das rund 30.000 Lieder und Texte umfassende Archiv.

Die Monarchie ging zu Ende und damit das Volksliedprojekt, das auf die österreichischen Bundesländer schrumpfte. Viktor von Geramb (1884–1958) leitete nach dem Ersten Weltkrieg den „Arbeitsausschuss für Steiermark des Österreichischen Volksliedunternehmens“. Gemeinsam mit Viktor Zack hat er unzählige Forschungsfahrten unternommen.

Eine Besonderheit der Steirischen Hirten- und Krippenlieder ist seit jeher, dass man sie nicht in Originalfassung, sondern in Sätzen für Kammerorchester, Chor und Solisten vermittelt. Steirische Komponisten haben schon immer kunstvolle Liedsätze beigesteuert. „Von Anfang an ging es darum, die Volkslieder für das städtische Publikum aufzubereiten“, erklärt die Leiterin des Grazer Volkskundemuseums, Roswitha Orac-Stipperger.

Um die Traditionsveranstaltung hat es in den letzten Jahren Querelen gegeben, und so sind die drei Konzerte mit Steirischen Hirten- und Krippenliedern nach neun Jahrzehnten in der kleinen Grazer Antoniuskirche in die Kirche St. Martin in Straßgang, an die Peripherie im Westen der Stadt übersiedelt. Sepp Spanner, der langjährige musikalische Leiter der Veranstaltung, hat ein Buch mit ausgewählten „Hirten- und Krippenliedern“ herausgegeben und es gibt mehrere CDs.

WO: In der Kirche St. Martin in Graz/Straßgang.

WANN: Am letzten Wochenende vor Weihnachten.

INFORMATIONEN: Schloss St. Martin – Volksbildungsheim des Landes Steiermark, Kehlbergstraße 35, 8054 Graz, Telefon: 0316 283 655, Internet: www.schlossstmartin.at, E-Mail: vbhmar@stmk.gv.at

Der Lichterbaum aus der Seetiefe

Seit mehr als 40 Jahren gibt es das „Christbaumtauchen" in Gmunden und das „Adventschwimmen" in Hallein

Hunderte Schaulustige säumen das Seeufer, wenn jedes Jahr am letzten Adventsamstag das Christbaumtauchen angesagt ist: Vorab ist ein mit Lichtergirlande geschmückter Christbaum – ein etwa 1,70 Meter hohes Bäumchen – mit wasserdichter Batterie versenkt worden. In zehn Metern Tiefe liegt er. So weit dringen die elektrischen Kerzen nicht durch. Erst wenn ihn die beiden Taucher von der Wasserrettung langsam heben, erkennt man den Schein.

„Wir in Gmunden haben das Christbaumtauchen erfunden", sagt der Obmann der Wasserrettung in Gmunden, Meinrad Altmann. 1966, also vor mehr als 40 Jahren, hat man den ersten Christbaum heraufgetaucht. „Als Sepp Höller die Idee kam, wusste er noch nicht, wie das funktionieren könnte", erzählt Altmann. „Er stellte deshalb in der Badewanne Experimente an – das Christbaumtauchen wurde in der Badewanne geboren."

Ursprünglich ging es darum, den Kindern vom SOS Kinderdorf Altmünster „eine Freude zu machen". Und das Wesentliche, so Altmann, sei „der im Traunsee Verunglückten zu gedenken – mit dem Licht, das aus den dunklen Wassern kommt". Nach mehr als vier Jahrzehnten ist das Christbaumtauchen ein fester Programmpunkt im Advent.

Es ist eine Zeremonie mit viel Licht: Von einem Schiff der Traunsee Schifffahrt Karl Eder gehen 15 Fackelschwimmer vom Union Tauchclub Altmünster von Bord. Sie schwimmen zur Boje, die die Lage des versenkten Christbaums

markiert, warten im Halbkreis. In dem Moment, da der Christbaum gehoben wird, löschen sie ihre Fackeln durch Eintauchen. Während der Christbaum ans Ufer gebracht wird, legt auch das Schiff an, und ein Weihnachtsmann – ja, tatsächlich ein Weihnachtsmann! – kommt mit einem großen Sack von Bord, um den Kindern Süßigkeiten und andere kleine Gaben zu überreichen. Manches ist von Geschäftsleuten gespendet, „aber das meiste kaufen wir ein", sagt der Obmann der Wasserrettung, die das Christbaumtauchen seit jeher veranstaltet. Reden gehören natürlich auch zur Feier (vom Bürgermeister über den Pfarrer bis zum Tourismusdirektor), und die Bläsergruppe Traunkirchen, von der schon eine Gruppe auf dem Schiff war, umrahmt die Feier auf dem Stadtplatz mit adventlicher Musik.

Die Idee mit dem Christbaumtauchen wird unterdessen an einigen Orten praktiziert. Zum Beispiel in Zell am See, wo ebenfalls die Wasserrettung die Initiative ergreift. Mächtigen Effekt macht es, wenn die Mitglieder des Halleiner Tauchklubs „Delphin" ihr Adventschwimmen veranstalten: Sie ziehen schwimmend ein etliche Meter hohes, sternförmiges Holzgerüst, das mit Fackeln beleuchtet ist. Gut ein Kilometer wird so in der Salzach zurückgelegt, eine halbe Stunde sind die Leute in ihren Neoprenanzügen unterwegs.

WO: In Gmunden (Oberösterreich), am See vor dem Stadtplatz. – In Hallein (Salzburg) in der Salzach, zwischen Neumayr- und Colloredo-Brücke.

WANN: In Gmunden am Samstag vor dem Heiligen Abend um 18.15 Uhr. – In Hallein am Samstagabend des ersten Adventwochenendes.

INFORMATIONEN: Ferienregion Traunsee Tourismusbüro Gmunden, Toscanapark 1, 4810 Gmunden, Telefon: 07612 64305, Internet: www.traunsee.at, E-Mail: info@traunsee.at – Tourismusverband Hallein/Bad Dürrnberg, Mauttorpromenade 6, 5400 Hallein-Pernerinsel, Telefon: 06245 853 94, Internet: www.hallein.com, E-Mail: office@hallein.com

Das Jesuskind klaut eine Spielkarte

„Gnadenkindl", „Himmlische Trösterlein" – spirituelle Insider wissen, wo sie den Segen bekommen

Das himmlische Postamt mit der Postleitzahl 4411 hat das einst als wundertätig eingestufte Steyrer Christkindl weltberühmt gemacht. Viel weniger bekannt ist, dass es in Österreich noch vier weitere Orte gibt, an denen Gläubige sich den Segen des Mensch gewordenen Gottessohnes erbitten können. Und das nicht nur zur Weihnachtszeit.

Da ist zum Beispiel das „Filzmoser Kindl": In der kleinen Gemeinde im Salzburger Pongau steht die spätgotische, knapp 80 Zentimeter große Holzfigur in einem Glaskästchen auf dem Altar, ein Glöckchen in der Hand. Warum das Glöckchen? Hirten, die in der Gegend arbeiteten, sollen das Wachsfigürchen, das mit feinem Bimmeln auf sich aufmerksam machte, entdeckt haben und nach Altenmarkt zum Pfarrer gebracht haben. Aber in der Nacht darauf verschwand das Kindl wieder und kehrte auf wundersame Weise nach Filzmoos zurück. Damit war klar: Hier musste eine Wallfahrtskirche her!

Als Hochzeitskirche ist sie bis heute sehr beliebt im Bundesland Salzburg – und Ehepaare mit Kinderwunsch pilgern gerne hierher. Diese Wallfahrt soll schon im 15. Jahrhundert begonnen haben. Seit 1777 trägt das Filzmoser Kindl eine Krone.

Ein weiteres Figürchen, das Loretokindlein, kam im 17. Jahrhundert aus dem Elsass nach Salzburg und wird dort im Loretokloster (nicht weit vom Schloss Mirabell) verehrt. Nur neun Zentimeter ist das Salzburger Loretokindlein (Bild) groß, aber es hat viele verschiedene Gewänder, die mit Perlen und kostbarer Stickerei verziert sind. Die Kleider werden der liturgischen Jahreszeit gemäß gewechselt. „Viele Menschen kommen zum Gnadenreichen Loretokindlein, um Hilfe und Trost durch seinen Segen zu bekommen. Von ihm ging bereits viel Gnade aus und deshalb kommen die Menschen auch wieder zurück, um für die Gebetserhörung zu danken", berichtet Schwester M. Johanna Blattl, Oberin der Kapuzinerinnen von der Ewigen Anbetung in Salzburg. „Wir Kapuzinerinnen von der Ewigen Anbetung des Allerheiligsten Altarsakramentes haben unseren Namen, weil wir Tag und Nacht Ehrenwache vor Jesus im wunderbaren Geheimnis der Liebe – vor der heiligen Eucharistie – halten. Und das schon seit fast 70 Jahren. Es ist unser wichtigster Dienst", erzählt Schwester M. Johanna. Das originale Loretokindlein steht am Anbetungsaltar. Täglich um 14 Uhr gibt es den Segen, und er wird auch in alle vier Himmelsrichtungen verteilt, „für alle, die Jesus nicht kennen – zum Heil der Welt". Die Pförtnerin hat eine Replik der Figur immer bei der Hand. Wenn Gläubige darum bitten,

langt die Klosterschwester durchs Gitter, hält dem Betenden die Figur auf den Kopf und spricht ein Segensgebet. Die Wallfahrer nehmen „angerührte" (also mit der Figur berührte) Nachbildungen des Hemdes oder der Windeln als Amulette mit. Selbst fromme Amerikaner pilgern hierher oder machen dem Loretokindlein und den die Wallfahrt betreuenden Franziskanerinnen ansehnliche Geldgeschenke, hört man.

Auch im Salzburger Kloster Nonnberg können Gläubige an der Pforte vorsprechen und bekommen dann eine kleine Wachsfigur gereicht, Nachbildung eines in der Klausur aufbewahrten Christkindls. Das „Nonnberger Trösterlein" steht für eine Tradition in vielen Frauenklöstern: Die Schwestern bekamen beim Eintritt ins Kloster geschnitzte oder aus Wachs gebildete Jesuskindfiguren mit, einen „Himmlischen Bräutigam". Eine solche Figur ist auch das „Nonnberger Trösterlein". Es stammt aus dem Jahr 1520, trägt ein rotes Mäntelchen und Häubchen und hält in der rechten Hand einen Apfel. Der soll an Evas Vergehen im Paradies erinnern.

Eine hübsche Geschichte rankt sich um das „Haller Jesuskind mit der Spielkarte": Während der protestantischen Glaubenskämpfe im Schweizer Engadin wurde die Holzstatue (Teil einer Marienfigur mit Kind) einfach in den Inn geworfen. Im Tiroler Hall, nicht weit von Innsbruck, fischte man das Jesuskind aus dem Fluss. Die adeligen Fräulein im Haller Damenstift restaurierten das Figürchen und stellten es in ihrer Kirche zur Verehrung auf.

Was für eine Bewandtnis hat es mit der Spielkarte, die das Kindlein in einer Holzkapsel am Armband trägt? Das Haller Jesuskind – ihr „Hausvaterle" sagen die Sacré-Cœur-Schwestern liebevoll – hat der Legende nach ein besonderes Wunder vollbracht: Es soll in ein Spiel eingegriffen und eine wichtige Karte an sich genommen haben. So wurde ein notorischer Spieler vor dem eigenen Ruin und dem seiner Familie bewahrt. Der fromme Kartenklau des Haller Jesuskinds führte dazu, dass Frauen, deren Männer der Spielleidenschaft verfallen waren, hierher pilgerten und Hilfe erbaten.

WO: Das Filzmoser Kindl ist immer zu sehen, die Kirche ist ganztägig geöffnet (Salzburg). – Das Salzburger Loretokloster befindet sich in der Paris-Lodron-Straße 6, unweit der Bus-Ausstiegsstelle. – Das Kloster Nonnberg (ebenfalls Stadt Salzburg) ist in einem Spaziergang vom Domplatz in zehn Minuten zu erreichen.
Das Haller Jesuskind befindet sich im Herz-Jesu-Kloster (Schulgasse 2) in Hall in Tirol.

WANN/INFORMATIONEN: Mit dem Filzmoser Kindl sind keine speziellen Riten verbunden, es wird ganzjährig angebetet. – Den Segen im Salzburger Loretokloster gibt's täglich um 14 Uhr an der Pforte, Telefon: 0662 871 163. Das Nonnberger Trösterlein wird im Aussprachezimmer gereicht, Telefon: 0662 841 607-0.
Anmeldung für das „Hausvaterle" im Herz-Jesu-Kloster Hall, Telefon: 05223 57279.

„Thomasniglo" und „Thomashutze"

Eine sehr eigenwillige Perchtengruppe geht in Gams bei Hieflau am 21. Dezember um

Ein TV-Dokumentarfilm wurde 1970 in der Gegend gedreht, und aus diesem Anlass kam man auf den Thomasniglo – eine Brauchtumsfigur, die zu diesem Zeitpunkt in der Steiermark schon so gut wie vergessen war. „Aber einige alte Leute haben sich noch an dieses und jenes erinnert", erzählt Sonja Edlinger, und man habe die Figurenfolge wieder zusammengestellt. „So wurde der Brauch wieder aufg'rissen" – eigentlich fürs Fernsehen, aber mit solchem Erfolg, dass der Thomasniglo sich bis heute gehalten hat.

Und das, obwohl der Tag kirchlich gesehen gar nicht mehr passt. Mit der Liturgiereform ist nämlich der Gedenktag des heiligen Thomas vom 21. Dezember in den Juli verlegt worden. Aber der Tag der Wintersommerwende ist natürlich auch ohne Apostelfest ein „brauchtumsbelastetes" Datum: der kürzeste Tag, traditionell die erste Raunacht. Mancher Losbrauch war früher in dieser Nacht üblich. Da dürfen also schon auch Perchtenwesen umgehen!

Der Umzug des Thomasniglo mit seinem Gefolge führte ursprünglich in die Häuser. „Aber die Leute haben oft schon frisch geputzt daheim, und da sind sie gar nicht so froh, wenn die Thomasniglo-Gruppe kommt." Das, so erklärt Sonja Edlinger, sei der Grund dafür gewesen, dass man das Geschehen nun auf den Kirchplatz von Gams verlegt hat. „Aber ein paar Hausbesuche machen wir schon noch."

An der Spitze des Zuges schreitet der weiße Greis mit dem Stab. Ihm folgt der weiße Thomas mit brennendem „Hiefler", einem mit Kerzen bestückten Holz- oder Eisengestell. Zur Gruppe gehören weiters die Gaben bringende Niglofrau, noch einige weiße Sackträger, die „Rauchn" (Krampusse) und die Thomashutze. Diese Perchtenfigur gleicht einer riesenhaften Vogelgestalt, die sich lediglich beim Gehen von Haus zu Haus aufrichtet, sonst aber zusammengekauert auf dem Boden hockt wie ein überdimensionales Küken. Die Thomashutze wurde pädagogisierend eingesetzt und sollte Kinder zum Bravsein anhalten. Man sagte ihr nach, sie nehme schlimme Kinder mit sich fort.

„Es ist ein Haufen Idealisten, der sich dafür einsetzt", sagt Sonja Edlinger. „Wir wollen es als Brauch, nicht als Show." Deshalb wird auch nicht viel Publicity darum gemacht. Es soll eben ein kleines Brauchtumsfest für die einheimische Bevölkerung auf dem Kirchplatz sein, mit dem die Kinder beschenkenden Thomasniglo im Zentrum. Die Kindergartenkinder sind mit Laternen dabei, Weisenbläser musizieren, „auch Wurzhornbläser haben schon gespielt". Sogar der Weihnachtsmann kommt auf einem Pferd geritten – „aber weit vor dem Thomasniglo, damit der Brauch nicht vermischt wird mit dieser Figur."

WO: In Gams bei Hieflau (Steiermark).

WANN: Am 21. Dezember um 18 Uhr.

INFORMATIONEN: Gemeindeamt Gams bei Hieflau, 8922 Gams bei Hieflau Nr. 145, Telefon: 03637 206, Internet: www.gams-hieflau.steiermark.at, E-Mail: gde@gams-hieflau.steiermark.at

„Liasma" und „Lessln"

Die Thomasnacht gehört zu den klassischen Lostagen

Der 21. Dezember, Wintersonnenwende, die erste der Raunächte: Nach altem Volksglauben ist es eine jener Nächte, in denen man der Zukunft auf die Schliche kommen kann. „Liasma" heißt es im niederösterreichischen Waldviertel, und hinter dem eigenartigen Dialektausdruck steckt „losen wir". Und mit dem „Losen" ist das genaue Hinhören gemeint. „Man horcht auf die Natur und deutet", erklärt Johann Gattringer, der sich nicht nur an alte Gepflogenheiten im bäuerlichen Jahreslauf erinnert, sondern dem Brauch von früher eine neue Dimension zu geben versucht.

Früher ging „Liasma" so: Man zog hinaus ins Freie, suchte eine Wegkreuzung, stellte sich im Kreis auf und „loste" auf Geräusche, die es dann zu deuten galt. Hörte man ein Singen oder Jauchzen aus einer bestimmten Richtung, bedeutete das Hochzeit. Das Geräusch einer Säge deutete auf einen bevorstehenden Todesfall hin. Licht ließ ein Brandunglück befürchten, und das Bellen eines Hundes verhieß Neuigkeiten aus der betreffenden Richtung.

„Wir machen das jetzt vom Bildungswerk aus", sagt Johann Gattringer. Abends geht die Gruppe los, mit Fackeln. Das können zehn oder zwölf Leute sein, „aber wir waren auch schon 50 oder 60". Eine kleine Meditation hilft, dass es ruhig wird. Geistergeschichten werden gelesen, von denen es im Waldviertel ja nicht wenige gibt. Das „Liasma" selbst spielt natürlich keine so große Rolle mehr, eher geht es wohl ums Lauschen in der Stille, in der man auch etwas in sich selbst wahrnimmt. Aber mal ehrlich: Wen reizt's nicht, über die Zukunft zu spekulieren, auch wenn der Verstand dagegen spricht?

Der Verstand spricht alleweil dafür, dass nicht viel gesprochen wird über solche Losbräuche. Schwer abzuschätzen, ob sie heute noch praktiziert werden. Einer davon: Man setzte sich rücklings zu einem Holzstoß und langte hinter sich. Zog ein Mädchen ein recht krummes Holzscheit heraus, dann blühte ihr ein buckliger Bräutigam. Auch das Schlapfenwerfen war eine Methode, künftigen Ehestand vorauszusagen:

Man schleuderte den Hauschuh mit dem Fuß hinter sich. Zeigte die Spitze Richtung Tür hieß das für die junge Dame „es wird ernst“. Mit dem „Zettelorakel“ begann man am Luzientag (13. Dezember). Zwölf Namen geeigneter Heiratskandidaten wurden auf einen Zettel geschrieben, und jeden Tag ein Los ins Feuer geworfen. Der Name, der am Heiligen Abend übrig blieb, war ein heißer Tipp. – Aber mal ehrlich: Welches Mädchen ist heutzutage schon gar so aufs Heiraten aus?

Einige Familien im Salzburger Pinzgau haben einen Losbrauch wieder belebt, der hier „Lessln“ heißt. Neun Hüte werden auf den Tisch gelegt, und unter den Hüten werden kleine Symbole versteckt. Sie werden durcheinander gemischt, während derjenige, der das Orakel befragen will, vor der Türe wartet. Gut, wenn man die weiße Zwirnspule aufdeckt, das bedeutet ein langes Leben. Viel schlechter wäre es, ans „Krapfradl“ (das Teigrad zum Einschließen der Fülle) zu kommen – das hat man früher für ein Todessymbol gehalten. Ein Schlüssel könnte drauf hinweisen, dass man sich ans Hausbauen macht, das kleine Püppchen steht natürlich für Nachwuchs und das Geldstück für Reichtum. Die „Betn“ (das Dialektwort für Rosenkranz) deutet darauf hin, dass der Betreffende ein Gelübde tut oder sich für einen geistlichen Beruf entscheidet. Falls dazu Entscheidungskraft vonnöten ist: Das Messer mit seiner „Schneid“ ist das logische Symbol.

Auch „Lessln“ ist ein Brauch in der Thomasnacht – sie ist ja immer noch eine ganz besondere, auch wenn niemand mehr ernsthaft an Geisterspuk und Hexentreiben glaubt und die Kirche außerdem den Gedenktag des heiligen Thomas vor Jahrzehnten schon in den Juli verlegt hat.

WO: Losbräuche waren früher im bäuerlichen Milieu verbreitet, da und dort sind sie – mehr als Gesellschaftsspiel – noch der Brauch.

WANN: In der Thomasnacht, am 21. Dezember.

Rauch und Weihwasser

Eine sehr private Bitte um göttlichen Beistand: Das „Rauchengehen“ oder „Haus(aus)räuchern“

Wir verlassen nun kurzzeitig das gesicherte christliche Terrain und tauchen ein in den Machtbereich germanischer Gottheiten. Sommer, Sonne, Ferien – ein Denken unserer Zeit. Göttervater Wotan gewährte Urlaub ausgerechnet in der finstersten Zeit, während der sogenannten „Zwölften“. Das sind Tage, an denen die Zeit still steht, der Gang der Welt angehalten scheint. Die Menschen registrierten, dass die Monatsordnung des Mondkalenders und der Lauf des Sonnenjahres – also das reale Längerwerden der Tage – zeitlich nicht zusammengingen. Da war die Monduhr abgelaufen, noch bevor sich der sprichwörtliche Silberstreif einer länger am Himmel stehenden Sonne abzeichnete.

Zwischen Weihnachten und Dreikönig taumelte die Welt also irgendwo im zeitlichen Nirwana. Man hielt sie in diesen bedrohlich dunklen Tagen für besonders anfällig für Verwundungen durch das Böse. Und akkurat da (oder gerade deswegen) gewährte Wotan nach heidnischen Vorstellungen allen bösen Geistern und Dämonen Ausgang. Sie mussten also tunlichst von den Häusern ferngehalten oder aus ihnen vertrieben werden.

Solche Vorstellungen stecken dahinter, wenn jetzt von Raunächten (eigentlich: Rauchnächten) die Rede ist. Ob nun die „Zwölften“ oder mehr oder weniger Tage – das ist unterschiedlich von Region zu Region. In Oberösterreich heißt gar die gesamte Zeit von Weihnachten bis Sankt Valentin

(14. Februar) „unter den Nachtn“. Vier Nächte gelten im alpinen Bereich als besonders dämonengefährdet: jene am ehemaligen Thomastag (21.12.), jene vor dem Christfest (24.12.), dann die Silvesternacht (31.12.) und jene auf Dreikönig (5.1.) zu. Letztere ist die raueste der Raunächte. Der neuen Rechtschreibung muss man leider vorwerfen, dass sie das „h“ aus dem Wort „Raunacht“ herausreklamiert hat: Es ist wirklich schade drum, denn etymologisch steckt der Rauch drinnen.

Zumindest in einer dieser Nächte, vielerorts gleich an allen vier Abenden, wird daheim geräuchert. Ein Umzug mit Weihrauch und Weihwasser ist angesagt, durch die Räume des Hauses, in den Stall und womöglich gleich drei Mal ums Haus herum. Das ist die ureigenste Aufgabe für den Familienvater. Er geht mit der Rauchpfanne herum. Das gelbe Harz liegt auf der glühenden Kohle – 800 Grad sind gerade recht, um die ätherischen Düfte freizusetzen. Der Begleiter besprengt zur selben Zeit die Räumlichkeiten, Menschen und Vieh mit Weihwasser. So wird Gottes Segen erbeten und das Böse vertrieben, das Vieh und das Sachgut mit hineingenommen in jenen Segen, den die Leute beim Kirchenbesuch mitnehmen.

Ein hübscher Brauch in der Gegend von Waidhofen an der Ybbs (Niederösterreich): Wer sich Kopfschmerzen für ein ganzes Jahr ersparen will, hält seinen Hut über den wundersamen Rauch und setzt ihn rasch wieder auf.

Tiere erhalten in den Raunächten, vor allem zu Weihnachten, traditionellerweise eine „Maulgabe“. In der Heiligen Nacht, so erzählt man sich vielerorts, reden ja die Tiere. Die Maulgabe: Das können ein paar Brocken geweihter Nahrung sein, mit Weihrauch besprengte Brotstücke oder Obstreste. In Neuhofen an der Ybbs gibt's sogar ein paar Tropfen Schnaps.

„Wie ein Rauchopfer steige mein Gebet zu dir auf“, heißt es im Psalm 141. Und in der Offenbarung 8,3 ist beschrieben, wie ein Engel „mit einer goldenen Räucherpfanne an den Altar“ trat mit der Absicht, „so die Gebete aller Heiligen vor Gott zu bringen.“ Die Bitten und Anliegen mögen aufsteigen wie die Rauchschwaden. Die Vorstellung ist anschaulich und sie steckt hinter jeder Verwendung von Weihrauch in der Liturgie. Weihrauch galt im alten Orient als ein besonders wertvolles Harz, als Sinnbild für die Würde und Erhabenheit der Könige und Priester. So ist auch zu erklären, dass die Heiligen Drei Könige Weihrauch als Gaben zur Krippe brachten. Das Verbrennen von Weihrauch ist ein Bekenntnis zu Christus, dem König und Erlöser.

WO: Ein familiärer Brauch im bäuerlichen Bereich, in ganz Österreich.

WANN: Von Region zu Region verschieden, meist in den „klassischen“ Raunächten an den Abenden des 21., 24. und 31. Dezember und vor allem auch am 5. Jänner.

O Nordmanntanne!

Der Christbaum, das Weihnachtssymbol schlechthin? Jeder zweite Haushalt in Wien verzichtet darauf

„Das Christbaumkaufen – das kann man absolut als einen neuen Weihnachtsbrauch bezeichnen!" Ich war durchaus überrascht von dieser Aussage eines Brauchtumskenners. Aber tatsächlich: Es ist noch gar nicht so lange her, dass man – vom städtischen Bereich abgesehen – sein Bäumchen von einem Bauern direkt bezog oder gar selbst eines aus der Natur holte. Christbaummärkte größeren Stils gibt es auch in Landgemeinden: Das ist tatsächlich eine neue Entwicklung. Und eine noch neuere: Christbaummärkte im Umkreis von Einkaufsgroßmärkten. Der Wunschbaum wird gleich transportfertig ins Netz gepackt ...

„Wer einen Eigenwald gehabt hat, der durfte auch zum Nachbarn gehen", erinnert sich ein Tiroler. „Und man ging natürlich zum Nachbarn, weil es einen gereut hat, den Christbaum aus dem eigenen Besitz zu holen." Aber so hielt es natürlich auch der Nachbar, man war also quitt. Wie man sich gegen Baum-heischende Besucher aus der Nachbarschaft geholfen hat? „Die ganz Schlauen haben aus ihren Bäumen einen Ast herausgeschnitten – das schadete dem Forst überhaupt nicht, aber als Christbaum war das Bäumchen nicht mehr brauchbar." Den Wunschbaum habe man schon im Sommer ausgesucht, erzählt Karl Schnegg aus Rietz, „im Schnee hätte man den Wuchs ja nicht beurteilen können". Das Holen selbst war auch ein geselliger Akt: Oft sind ja mehrere Männer losgezogen, oft hoch hinauf, wo die Bäume besonders schön sind. „Da hat man ein Fleisch mitgenommen und einen Frischgebrannten." Für kleine Orte, so versichert Karl Schnegg, sei „viel verloren gegangen", seit es überall Christbaummärkte gibt.

Wie steht es überhaupt um den Christbaum, ist er noch das Weihnachtssymbol Nummer eins? O Tannenbaum! Es hat bei Weitem nicht ein jeder einen Baum daheim stehen. Gesamtösterreichisch gesehen: Zwischen 2,2 und 2,4 Millionen Christbäume werden pro Saison verkauft, und in über zwei Drittel der Haushalte werden ja doch noch Christbäume aufgestellt. Nordmanntannen seien beliebter als die früher vorherrschende Blaufichte, heißt es in der Branche. Neun von zehn Bäumen kommen aus österreichischen Wäldern.

Die Situation ist im Einzelnen betrachtet natürlich sehr unterschiedlich. Im ländlichen und kleinstädtischen Bereich dürfte die Zahl von Christbäumen wohl einigermaßen stabil sein, wogegen in urbanen Ballungsgebieten der Christbaum keine so große Rolle mehr spielt: Das geänderte Freizeitverhalten schlägt ebenso durch wie die demografische Situation mit deutlich weni-

ger Kindern und rapide zunehmender Zahl an Single-Haushalten. Gerade in Wien spiegeln sich die Migranten (darunter ein hoher Anteil an Muslimen) sehr deutlich in der Christbaum-Bilanz. Händler gehen davon aus, dass in Wien nur mehr in jedem zweiten Haushalt ein Christbaum geschmückt wird. Vor zehn Jahren waren es noch 70 Prozent aller Haushalte. In Wien ist die Zahl der Christbaum-Verkaufsstellen in den vergangenen zehn Jahren von ungefähr 600 auf 500 zurückgegangen (was wohl auch mit der Intensivierung des Verkaufs im Umkreis von Einkaufszentren zusammenhängt).

Die Zahl der Karibik-Urlauber wird im einschlägigen Geschäft vermutlich nicht so gravierend zu Buche schlagen wie jene derer, die als Alleinstehende auf des Tannenbaums „grüne Blätter" verzichten.

Wo gekauft wird, muss auch entsorgt werden. In Wien ist die Magistratsabteilung 48 dafür zuständig. Es gibt 420 Sammelstellen im Stadtgebiet von Wien. Aus den Christbäumen wird dann Bio-Hackgut.

WO: Überall gibt es Christbaummärkte, zunehmend auch bei Einkaufszentren.

WANN: Die Christbaummärkte in Wien haben ab 15. Dezember geöffnet, in den Bundesländern meist schon früher. Für die Einkaufszentren (also Christbaummärkte auf Privatgrund) gilt diese Bestimmung nicht.

INFORMATION: ARGE Österreichischer Christbaum- und Schmuckreisigproduzenten, Internet: www.weihnachtsbaum.at

Ein schöner Bauern-Christbaum?

Die Geschichte des Christbaums ist sehr, sehr kurz – von Tradition ist kaum zu sprechen

Äpfel, Nüsse, Strohsterne – was kommt eigentlich auf einen „typischen" österreichischen Christbaum? Wie sieht traditioneller Christbaumschmuck in unserem Land aus? Die Frage interessiert schon deshalb, weil der Heilige Abend und der Christtag selbst in unseren Tagen nicht brauchtumsmäßig standardisiert ablaufen – sieht man von dem für viele Menschen nach wie vor obligaten Gang zur Christmette, dem nur noch im bäuerlichen Milieu üblichen Räuchern und einigen alpenländischen Lärmbräuchen ab. Für diese Tage legt man sich eher im privaten, familiären Bereich seine eigenen, langjährig eingebürgerten Rituale zurecht.

Kann man wenigstens mit dem Christbaum ein gutes Stück Althergebrachtes ins Wohnzimmer holen? „Der heute viel propagierte ‚bäuerliche' oder ‚traditionelle' Christbaum ist ein Kunstprodukt unserer Vergangenheitssehnsucht und Heimatbedürfnisse nach dem Zweiten Weltkrieg." So ernüchternd formuliert das die Salzburger Volkskundlerin Ulrike Kammerhofer-Aggermann.

Für die CD-ROM „Im Winter und zur Weihnachtszeit/Bräuche im Salzburger Land", eine der derzeit relevanten volkskundlichen Basisarbeiten nicht nur für den Salzburger Raum, wurden auch die Christbaum-Vorlieben erhoben. Die Sache ist ruinös für den Glaskugelschmuck ausgegangen (4,8 Prozent), wohingegen das Votum mit 55 Prozent ganz entschieden für den „Bauernchristbaum" gefallen ist. Dazu muss man freilich wissen, dass eher dem Brauchtum nahe stehende Menschen befragt worden sind. Aber einen „Bauernchristbaum" hat es in Wirklichkeit nicht gegeben.

Christbäume kamen im Wien der Biedermeierzeit auf. Der Wiener Kongress hat die Kunde vom preußisch/protestantischen Christbaum hierzulande verbreitet. 1814 wurde in Wien der erste Christbaum „ruchbar", wie Spitzel dem Staatskanzler Metternich meldeten. Geortet wurde er am Hohen Markt im Palais des Bankiers Baron Nathan Arnstein, der mit einer Berliner Jüdin verheiratet war. Diese Art Weihnachten zu feiern, mit Bescherung von Geschenken, war in Wien noch neu. Aber sie wurde offensichtlich im Haus der preußischen Jüdin Fanny von Arnstein seit Jahren gepflegt.

Als 1814 der Wiener Kongress begann, wurde selbstredend Fanny von Arnsteins Salon ein Sammelpunkt für die Delegationen aus Preußen und auch anderen deutschen Ländern. Und so war es verständlich, dass die Dame des Hauses ihren Gästen ein Weihnachtsfest bot, das sie nach heimatlicher Sitte arrangierte.

Diese Sitte hatte sich herumgesprochen und in den nächsten Jahren nahm der Wiener Adel die neue Mode des Christbaums begeistert auf. Zwei Jahre später – Erzherzog Karl hatte kurz zuvor die nassauische Prinzessin Henriette geheiratet – führte diese den Weihnachtsbaum auch im Kaiserhaus selbst ein. Und bald danach gehörte es auch in den Bürgerhäusern zum guten Ton, am Heiligen Abend eine Fichte oder Tanne, geschmückt mit Lichtern, buntem Papier, mit Süßigkeiten und Geschenken, aufzustellen. Ab 1830 wurden auf dem Christkindlmarkt in Wien die ersten Christbäume verkauft.

Ganz zögerlich ist der Christbaum in den Bundesländern aufgenommen worden, und auch da eher von „Zugereisten“: Der erste Salzburger Christbaum stand Ende der 1820er-Jahre im Haus des aus Württemberg stammenden Spitzenhändlers Koch. Für 1825 ist der erste Christbaum in Graz dokumentiert. Ein gewisser Graf Brandis, der den Christbaum im höfischen Bereich in Wien und Graz kennengelernt hatte, zündete 1841 das erste Mal in Tirol, in der Innsbrucker Hofburg, Christbaumkerzen an. Der erste oberösterreichische Christbaum stand 1848 in Ried im Hause des Kaufmannes Josef Anton Rapolter. Außer mit Äpfeln, goldenen Nüssen, Kerzchen und Lebzelten werden die Bäume alsbald auch mit bunten Glaskugeln aus Böhmen behängt.

Erst in der Zwischenkriegszeit ist der Christbaum, bis dahin ausschließlich im städtischen Bürgertum beheimatet, ganz langsam im ländlichen Raum aufgenommen worden. Noch in den 50er-Jahren des 20. Jahrhunderts, also vor sechs Jahrzehnten, war der Christbaum in vielen Bauernhäusern nicht üblich.

Natürlich war es seit jeher geübter Brauch, Zweige in die Wohnung zu holen. „Weihnachtsmeyen“ sind schon im Mittelalter belegt (durch kirchliche Verbote, da als heidnisch angesehen). Auch kleine Nadelbäumchen mit Wipfel nach unten wurden über dem Stubentisch aufgehängt. Da geht es um Formen des „Zweigsegens“. Die noch heute übliche Kärntner „Weihnachtstachse“ beim Hauseingang oder der Mistelbuschen gehen auch darauf zurück. Doch haben volkskundliche Forschungen ergeben, dass von diesem Usus kei-

ne direkten Verbindungslinien zum heutigen Christbaum führen. Er ist – eine auffallende Parallele zum ebenso allgegenwärtigen Adventkranz – ein Import aus dem protestantischen Europa.

Die Frage nach ursprünglichem bäuerlichem Christbaumschmuck ist damit beantwortet. Es gibt keinen! Wenn etwas Tradition hat, dann der bürgerliche Schmuck, die Importware aus Lauscha (Glaskugeln), der Perlenschmuck aus dem böhmischen Gablonz und dergleichen. Ein einziges Mal spielt Österreich wirklich eine Rolle als Vorreiter: Johann Kremenetzky (1848–1934) war Gründer der ersten Fabrik für Glühlampen mit Kohlenfaden in Österreich. In den Jahren nach 1900 war Kremenetzky der erste und größte Hersteller von Lichtergirlanden für den Christbaum. „Dann erst kam Amerika", sagt die Wiener Christbaumschmuck-Kennerin Elfriede Kreuzberger. Obst, Rosen, Tiere – das waren Motive solcher Lichtergirlanden, die wie Birnchen in Porzellanschäfte eingeschraubt wurden.

Eine gewisse Rolle spielten die Karton-Stanzobjekte, die mit Glaskügelchen überrieselt wurden: eine Alternative in wirtschaftlich schlechten Zeiten. Sie kamen nicht nur aus Böhmen. Die Bonbonfirma Heller hat über 400 solcher Christbaumschmuck-Objekte angeboten.

Und was wir als bäuerlich auf den Baum hängen? Das Urteil der Volkskundlerin Ulrike Kammerhofer-Aggermann fällt vernichtend aus: Das, was heutzutage darunter verstanden werde, sei „eine Mischung aus NS-Vorschlägen, einfachen Leckereien und als ‚heimatlich' deklarierten Erzeugnissen aus Naturmaterialien und Abfällen zum Beispiel Strohgebilde, Zapfenmännchen".

WO: Christbaumschmuck-Museen gibt es in Dornbirn (Sammlung Huschle) und in Steyr (Sammlung Kreuzberger).

WANN: Das Christbaumschmuck-Museum in Dornbirn (Vorarlberg) ist ab dem ersten Adventwochenende bis 6. Jänner Sa, So und Feiertags von 10–17 Uhr geöffnet. Um vorherige telefonische Anmeldung wird gebeten. – Das „Erste Österreichische Weihnachtsmuseum" in Steyr (Oberösterreich) ist im Advent und bis Dreikönig geöffnet.

INFORMATIONEN: Tourismusverband Steyr, Stadtplatz 27, 4402 Steyr, Telefon: 07252 53229-0, Internet: www.steyr.info, E-Mail: info@steyr.info
Christbaumschmuck-Museum in Dornbirn, Montfortstraße 34, 6850 Dornbirn, Telefon: 05572 23128.

In Peter Roseggers Schneespur

Der „Christmettenweg", den der steirische Dichter so eindrucksvoll beschrieben hat

Jährlich besuchen an die 25.000 Menschen das Geburtshaus von Peter Rosegger (1843–1918). Kein österreichischer Schriftsteller – vielleicht mit einer Ausnahme, Karl Heinrich Waggerl – hat die Vorstellungen von bäuerlicher Weihnacht so nachhaltig geprägt wie dieser steirische Dichter. In seinem Werk treffen sich einprägsam anschauliche journalistische Beschreibung und Volkspoesie. „In der Christnacht", „Als ich Christtagsfreuden holen ging" – Geschichten wie diese gehören auch heute noch zum unverzichtbaren Lesebuchbestand.

Der „Vordere Kluppeneggerhof" liegt auf etwa 1200 Metern Seehöhe inmitten des Waldes. Eine viel begangene Route ist der Christmettenweg. Er ist als Themenwanderung ausgeschildert. Was nur wenige wissen: Am 24. Dezember gibt es eine organisierte Tour, in der man Peter Rosegger sozusagen in der authentischen Schneespur folgen kann.

„Wir sind vielleicht ein bisserl dumm – aber wir wollen das nicht touristisch vermarkten", sagt Barbara Königshofer, Gasthofbesitzerin in St. Kathrein am Hauenstein. „Wir bauen ganz bewusst keine Standln auf, und es gibt kein Hully-Gully!" Dafür viel Beschaulichkeit, etwa bei einer kleinen, heimeligen Lesung eben im Kluppeneggerhof. Dort haben in der Rauchküche zwar mit Müh und Not 50 Leute Platz – aber was soll's: „Wir stellen trotzdem keine Lautsprecher auf, was manche schon angeregt haben. Wir wollen das nicht", versichert Barbara Königshofer.

Am Heiligen Abend geht es um 20 Uhr in St. Kathrein los. Ein Bus fährt mehrmals die sechs Kilometer hin und her, um die gut 200 Leute zur Waldschule nach Alpl zu karren. Von dort geht es zu Fuß los, mit Laternen, Fackeln oder Taschenlampen – und auf jeden Fall mit gutem Schuhwerk. „Halbschuhtouristen" sind auf jedem Fall fehl am Platz, auch wenn es keine schwierige Wanderung ist – „aber eben auch kein Spaziergang".

Ein romantischer Waldwanderweg führt in etwas über einer halben Stunde hinauf in Roseggers Waldheimat, zur Lesung im Kluppeneggerhof. Von dort setzt sich der Zug der Wanderer im Fackelschein in Richtung St. Kathrein am Hauenstein in Bewegung. Je nach Schneelage ist man zwei bis drei Stunden unterwegs. „Diejenigen, die sich tummeln, können sich um 23.30 Uhr vom Turmblasen einstimmen lassen auf die Christmette". Sie beginnt hier noch, wie es sich gehört, um 24 Uhr. „Unsere Kirche ist nicht klein, aber für alle ist trotzdem kein Sitzplatz", warnt Barbara Königshofer. Obwohl man an diesem Abend zusätzliche Sessel und Bänke hineinstelle. „Auch Peter Rosegger hat nicht gewusst, ob er nach dem langen Weg in die Kirche noch einen Platz findet." In der Kirche steht die sogenannte Peter-Rosegger-Krippe. Mit ihm selbst hat sie nichts zu tun, aber sie sei so alt, heißt es, dass Peter Rosegger sie schon als Kind bewundert habe.

WO: Am Heiligen Abend, ab St. Kathrein am Hauenstein (Steiermark).

WANN: Treffpunkt um 20 Uhr zum Bustransfer. Anmeldung ist nicht erforderlich. Christmette um 24 Uhr – Wanderschuhe und Laternen/Fackeln selbst mitbringen!

INFORMATIONEN: Tourismusverband Joglland-Waldheimat, Telefon: 03336 20255, Internet: www.joglland.at, E-Mail: info@joglland-waldheimat.at oder Tourismusverband Roseggers Waldheimat, Telefon 03855 2404, Internet: www.waldheimat.at, E-Mail: info@waldheimat.at
Eine ähnliche Themenwanderung, allerdings tagsüber, gibt es jeweils am vierten Adventsonntag. Sie orientiert sich an Roseggers Erzählung „Als ich Christtagsfreuden holen ging" und beginnt (ebenfalls mit Bustransfer) um 12.30 Uhr beim Gemeindeamt Langenwang, Telefon: 03854 615521.

Stille Nacht im Andachtstrubel

Tausende kommen um des berühmtesten aller Weihnachtslieder Willen nach Oberndorf

An eine babylonische Sprachverwirrung könnte man denken. Aber was die Melodie angeht (und natürlich auch den Sinn der Worte), ist man sich über Länder-, Sprach- und Mentalitätsgrenzen so gut wie einig: „Stille Nacht“ singen jedes Jahr zwischen 4000 und 6000 Menschen, die sich am Heiligen Abend um 17 Uhr zur Gedächtnisfeier vor der Kapelle zusammenfinden. Von echter Stille natürlich keine Rede, denn um 16.30 Uhr werden schon Böller geschossen. Der Bürgermeister spricht, der Pfarrer natürlich, es gibt viel Musik. Die Schiffergarde steht Spalier und die Goldhaubenfrauen lassen ihre wertvollen Trachten gerne bewundern.

Und am Schluss der Feier, nach dem Segen, das Lied der Lieder: Ein jeder singt's wie er es in seiner Sprache gelernt hat. Und sollte man neben einem Einheimischen zu stehen kommen (was aber nicht so wahrscheinlich ist), dann wird man registrieren, dass die Salzburger das „Stille Nacht“ in der originalen Version singen, die bei der „himmlischen Ruh“ nicht bis zum f” hinauf geht, sondern eine Terz tiefer bleibt.

Heiligabend 17 Uhr ist, das darf man durchaus so sagen, der touristische Tsunami, und ihm gehen an den Adventwochenenden heftige Flutwellen voran. Aber trotzdem: „Mich berührt es immer wieder“, sagt eine Oberndorferin, die wie alle Menschen im Ort zwangsläufig ein ambivalentes Verhältnis zum (vor)weihnachtlichen Trubel haben.

Es geht in Sachen Franz Xaver Gruber und Joseph Mohr auch deutlich besinnlicher am

Heiligen Abend, zum Beispiel im nahen Arnsdorf: Dort gibt es um 16 Uhr in der Wallfahrtskirche Maria im Mösl eine Andacht zum Heiligen Abend und danach eine Stille-Nacht-Feier auf dem Platz davor. Um 17 Uhr beginnt der Gruber-Mohr-Gedenkgang, in knapp einstündiger Wanderung führt der Fackelzug zur Stille-Nacht-Kapelle nach Oberndorf, wo abschließend „Stille Nacht! Heilige Nacht!" gesungen wird.

Im Arnsdorfer Schulhaus hat Franz Xaver Gruber mit seiner Familie 21 Jahre lang gewohnt und gewirkt. Auf dem Firstbalken ist noch die Jahreszahl 1771 zu lesen. Es ist das älteste Schulhaus Österreichs, in dem noch unterrichtet wird. In der Klasse hat sein Lehrerpult auch heute noch einen Ehrenplatz – dieses Klassenzimmer mit den alten Schulmöbeln, Lehr- und Lernmitteln, sowie alten Schulprotokollen ist freilich nur während der Sommerferien zu besichtigen.

Warum gibt es eigentlich die Kirche nicht mehr, in der am 24. Dezember 1818 „Stille Nacht, Heilige Nacht" zum ersten Mal gesungen wurde? Das Gotteshaus war nicht zufälligerweise dem heiligen Nikolaus, dem Patron der Schiffsleute gewidmet: An dem Mäander der Salzach um die gegenüber, am deutschen Salzachufer liegende Stadt Laufen gab es Stromschnellen. St. Nikola stand an einem vor Überschwemmungen nicht gefeiten Ort. Das vom Wasser desolate Gotteshaus wurde im frühen 20. Jahrhundert abgetragen.

Rückblende ins Jahr 1818: Joseph Mohr, der Textdichter, war dort Kaplan in der schwierigen Zeit nach den Napoleonischen Kriegen. Erst seit zwei Jahren war die Salzach Landesgrenze; der Rupertiwinkel jenseits der Salzach war an Bayern gefallen, Laufen/Oberndorf wurde zur geteilten Stadt. Es fehlte am Notwendigsten, die Orgel war kaputt. So weit wenigstens stimmt die Geschichte, dass man eben zur Gitarre ein Weihnachtslied singen musste. Manch anderes ist (fromme) Legende.

Die Stille-Nacht-Gedächtniskapelle wurde zwischen 1924 und 1937 erbaut. Das Kirchlein, die kleine Grünanlage davor, der alte Wasserturm gegenüber der Kirche, der Damm zur Salzach hin (der jetzt Überflutungen verhindern hilft), der Blick hinüber auf das alte Laufen mit der imposanten Stiftskirche: Das alles zusammen ergibt eine hübsche Vedute, zu der sich im Advent ein kleiner Weihnachtsmarkt gesellt.

WO: In Oberndorf und dem drei Kilometer entfernt liegenden Weiler Arnsdorf.

WANN: Hochbetrieb rund um die Stille-Nacht-Kapelle in Oberndorf ist den ganzen Advent hindurch. Die Gedächtnisfeier ist am 24. Dezember um 17 Uhr (Lokalbahnverbindung im Halbstundentakt ab Salzburg, gelegentlich Dampfsonderzüge). – Heiligabend-Andacht in Arnsdorf mit anschließendem Gruber-Mohr-Gedenkgang nach Oberndorf ist am 24. Dezember um 16 Uhr. Anreise mit der Lokalbahn ab Salzburg 15.15 Uhr. – Das Stille-Nacht-Museum (5110 Oberndorf bei Salzburg, Stille-Nacht-Platz 7) ist täglich von 9–16 Uhr geöffnet, im Advent von 9–18 Uhr. Im Februar ist das Museum geschlossen.

INFORMATIONEN: Tourismusverband Oberndorf, Stille-Nacht-Platz 2, 5110 Oberndorf bei Salzburg, Telefon: 06272 4422,
Internet: www.stillenacht-oberndorf.at, E-Mail: office@stillenacht-oberndorf.at
Das Museum in Arnsdorf im Obergeschoss des Schulhauses (Sepp-Aigner-Weg 11, 5112 Lamprechtshausen) ist nach telefonischer Voranmeldung (Telefon: 0664-1589400) zu besuchen, E-Mail: stillenacht.arnsdorf@gmx.at
Offizielle Website der Stille-Nacht-Gesellschaft: www.stillenacht.at – dort gibt es aktuelle Informationen auch zu all den anderen Gruber- und Mohr-Gedenkstätten in der Region.

Eine Licht-Stafette aus Bethlehem

Das „ORF-Friedenslicht" geht nach 20 Jahren in über 30 Länder

So wie die kleine Flamme millionenfach von Kerze zu Kerze, von Hand zu Hand weitergegeben wird, so muss auch der Friede von Mensch zu Mensch wachsen. So wie sich das Licht der kleinen Flamme durch ein Zeichen der Zuneigung ausbreitet, kann auch der Friede verbreitet werden."

Diese Idee steckt hinter einer Initiative, die 1986 im ORF-Landesstudio Oberösterreich geboren wurde und sich zu einer Art Brauch entwickelt hat: einem Brauch, der rasch jenseits der Grenzen aufgegriffen wurde. Das Friedenslicht sollte ursprünglich eine Geste des Dankes sein für jene Menschen, die für die ORF-Aktion „Licht ins Dunkel" spendeten.

Ein Kind entzündet das Friedenslicht in der Geburtsgrotte Jesu in Bethlehem und bringt es – in einer explosionssicheren Lampe – per Flugzeug nach Österreich. Wenige Tage vor Weihnachten holen Vertreter der Pfadfinder, der Feuerwehrjugend, des Roten Kreuzes, des Samariterbundes, der ÖBB und Freunde des Friedenslichtes aus Deutschland, Italien, Tschechien und der Schweiz im ORF-Landesstudio Oberösterreich das Licht ab, um es in derzeit über 30 europäischen Ländern zu verteilen.

Im Jahr 2000 war wegen der politischen Lage keine Pilgerreise möglich, sondern das Licht wurde auf dem Flughafen von Tel Aviv an das Friedenslichtkind aus Oberösterreich übergeben. 2001 wurde das ORF-Friedenslicht erstmals von Kindern aus Israel nach Österreich gebracht. Im Jahr 2002 entschloss man sich wieder, das Friedenslicht aus Bethlehem zu holen. Die damals sechsjährige Tochter einer christlich-arabischen Familie entzündete das leuchtende Weihnachtssymbol und es wurde in Linz an das oberösterreichische Friedenslichtkind weitergegeben.

Für den Initiator, den oberösterreichischen ORF-Landesdirektor Helmut Obermayr, knüpfen sich schöne Erinnerungen an den Friedenslicht-Brauch. Unmittelbar nach der Wende im Jahr 1989 überschritt das Friedenslicht Grenzen, die wenige Monate vorher als unüberwindlich galten. 10.000 Menschen versammelten sich zu Weihnachten 1989 auf dem

Hauptplatz von Budweis in Südböhmen, um das Friedenslicht als Sinnbild der neuen Nachbarschaft und Verbundenheit willkommen zu heißen. Das Friedenslicht brannte an der geöffneten Berliner Mauer und auch in Orten in Thüringen.

1989 griff der Wiener Pfadfinderleiter Bertl Grünwald die Idee auf und organisiert seitdem die Verteilung des Friedenslichtes an ausländische Pfadfinderdelegationen im Rahmen einer ökumenischen Lichterfeier (in einer christlichen Kirche in Wien). Viele deutsche Pfadfinderorganisationen tragen die Idee mit, und so finden auch dort vielerorts besondere Andachten und Gottesdienste statt. In der Schweiz hat die Verteilung des Friedenslichtes aus Betlehem eine besonders starke Tradition, getragen von einer Gruppe mit dem Namen „Friedenslicht Schweiz". Auch in Norditalien betreuen Jugendgruppen vom Trentino aus das Friedenslicht zusätzlich zu den Pfadfindern. Sogar eine ukrainische Pfadfinder-Website trägt den Friedenslicht-Gedanken weiter.

In den Jahren 1989 und 2000 wurde das Friedenslicht an Papst Johannes Paul II. überreicht. Natürlich hat man auch Papst Benedikt XVI. schon die Aufwartung gemacht. Der ehemalige sowjetische Ministerpräsident Michail Gorbatschow, König Hussein von Jordanien und manch anderer Staatschef haben das Friedenslicht in Händen gehalten. Es leuchtet jedes Jahr im Europäischen Parlament in Straßburg und im Jahr 2000 wurde es zu den UNO-Soldaten in den Kosovo gebracht.

Das ORF-Friedenslicht, so Initiator Helmut Obermayr, sei „kein magisches Symbol, das den Frieden herbeizaubern kann. Es erinnert vielmehr daran, dass sich die Menschen für den Frieden einsetzen müssen, dass alle aufgefordert sind, in ihrem Bereich und in ihrem Leben Frieden zu schaffen."

WO: Das Friedenslicht wird in den ORF-Landesstudios verteilt und per Bahn in alle Bahnhöfe gebracht. Man bekommt es auch in allen Rotkreuzdienststellen, in vielen Pfarreien und Feuerwehren.

WANN: Am 24. Dezember.

INFORMATIONEN: Internet: http://friedenslicht.orf.at

„Ist da jemand?“

Fünf Millionen Euro wurden zuletzt allein am Heiligen Abend für die Aktion „Licht ins Dunkel“ gespendet

Die Bilder sind jedem Österreicher so vertraut wie die Werbespots mit der Kinderstimme, die da aus dem Off fragt: „Ist da jemand?“ Ja, da ist jemand. Da sind Prominente aus dem öffentlichen Leben, aus Politik, Sport – und natürlich aus den Klatschspalten weitgehend vollzählig versammelt. Den ganzen Heiligen Abend, von neun Uhr morgens fast bis Mitternacht, machen sie vor laufenden Kameras Dienst am Telefon, unterstützt von Bundesheer-Soldaten. Die Spendenwilligen lassen die Telefone heiß laufen, und so füllt sich das Konto. Allein am Heiligen Abend wurden zuletzt auf diese Weise über fünf Millionen Euro gesammelt. Über zwei Millionen Zuschauer haben gespendet.

Spätestens zu Weihnachten entdecken eben alle ihr weites Herz. Wenn sich der ORF der Sache annimmt, wenn die großen humanitären Vereine des Landes mit an Bord gehen, wenn das Gutmensch-Sein zur „Charity“ und zum Massenhype wird – dann also heißt es wieder „Licht ins Dunkel“. Was da als mediales Großereignis abläuft, hat längst brauchtumsmäßigen Anstrich.

Nimmt man die Ergebnisse des ebenfalls schon institutionalisierten TV-Benefizabends zu Adventbeginn hinzu und die Spenden, die man das ganze Jahr hindurch telefonisch, per Internet oder via Überweisung Licht ins Dunkel zuführen kann, kommt man auf ein Jahres-Spendenvolumen von neun bis

zehn Millionen Euro. Mit diesen Spenden wurden 439 Behinderten- und Sozialhilfeprojekte in ganz Österreich unterstützt. Im Rahmen der Licht ins Dunkel-Soforthilfe wurde 4407 Familien mit 11.673 Kindern im Rahmen des Soforthilfefonds geholfen. Insgesamt wurden für Licht ins Dunkel seit der Gründung im Jahr 1973 (die ersten fünf Jahre als Radiosendung) mehr als 180 Millionen Euro gespendet.

Die großen sozial-karitativen Institutionen des Landes sind in Licht ins Dunkel eingebunden, die Lebenshilfe, Rettet das Kind, die Kinderdörfer ebenso wie die Kinderfreunde, das Österreichische Komitee für UNICEF, die Caritas und die Diakonie. 1993 wurde die Idee übrigens vom Bayerischen Fernsehen aufgegriffen, dort heißt eine ähnliche Aktion „Sternstunden".

Zum 30-Jahre-Jubiläum (2007) ist sogar Bundespräsident Heinz Fischer an einem der Telefone gesessen. So wie die Sänger Udo Jürgens, Ludwig Hirsch oder Rainhard Fendrich, der Meisterschwimmer Markus Rogan, die Schauspieler Dolores Schmidinger, Miguel Herz-Kestranek, Robert Meyer und viele mehr.

Der mediale Werbewert einer solchen Aktion ist hoch, daher kommen auch von Firmen ansehnliche Beträge. Und negative Stimmen? Die gibt es wohl, aber wenn der ORF die eigene dominante Medienorgel spielt, kommen sie nur schwer durch. Die Gleichsetzung „behindert ist gleich hilfsbedürftig" zum Beispiel stößt Initiativen, die auf Integration und Akzeptanz aus sind, durchaus sauer auf. Dass ein solcher Massen-Event auch dazu führt, dass kleinere Initiativen sich deutlich schwerer tun beim Lukrieren von Spenden, ist auch ein immer wieder zu hörender Kritikpunkt. Aber solche durchaus richtigen Beobachtungen verblassen, wenn Licht ins Dunkel-Geschäftsführerin Christine Tschürtz-Kny versichert: „Hier herrscht eine ganz besondere Atmosphäre, man spürt die Wärme und man spürt, dass alle mit ganzem Herzen dabei sind."

WO: Auf Wochen allgegenwärtig im ORF-Fernsehprogramm.

WANN: Zu Adventbeginn gibt es einen Benefizabend im Hauptabendprogramm, die Landesstudios produzieren mehrere Stunden Programm. Höhepunkt ist die 14-stündige Live-Spendenshow am Heiligen Abend.

INFORMATIONEN: Licht ins Dunkel – Caritativer Verein für sozial-, körper- und geistig behinderte Mitmenschen, Kramergasse 1, 1010 Wien, Internet: http://lichtinsdunkel.orf.at, PSK Konto-Nr. 2376000, BLZ 60000 Spendentelefon: 0800 24 12 10 (im Jahr 2010)

„Christkindl anschießen“

Vor allem zu Weihnachten und Silvester lassen es die Schützen gewaltig „tuschen“

Schon mancher Salzburgbesucher ist zusammengezuckt, wenn die Salven von der Festung in die Stadt donnerten – in der vermeintlich stillsten Zeit, am 24. Dezember zur Mittagsstunde! Aber so ist das halt, nicht nur in der Stadt Salzburg, sondern vielerorts, wo das Schützenwesen Tradition hat. Lärmbräuche gehören einfach dazu. So wie die „Salzburger Festungs-Prangerstutzenschützen“ tritt auch in Tirol die eine oder andere Schützenkompanie an zum „Christkindl anschießen“. Worunter man sich tunlichst eine absolut friedliche, aber Aufmerksamkeit heischende Sache vorzustellen hat.

„Das Schießen ist ein Freudenausdruck“, betont der Gründer und ehemalige Obmann der Gamper Weihnachtsschützen, Stefan Brandauer. Im Bundesland Salzburg gibt es sogar drei Brauchtumsgruppen, die sich dezidiert als Weihnachtsschützen bezeichnen: Jene auf dem Dürrnberg bei Hallein haben eine besonders lange Geschichte: Schon 1601 sind Stahelschützen am Dürrnberg dokumentiert. „Stahel“ meint den Stahlbolzen, das Geschoss der Armbrust. Schon einige Jahre später – 1612 – waren sie mit Büchsen bewaffnet. Das Schützenwesen auf dem Dürrnberg war bis ins 19. Jahrhundert hinein an den Stand der Bergleute gebunden, erst in jüngerer Zeit wurde es ein bürgerlicher Brauch.

Auf dem Dürrnberg wird eifrig geschossen am 24. Dezember: Das erste Mal um 12 Uhr. Da schießt ein jedes der rund 45 Mitglieder vor seinem eigenen Haus. Um 15 Uhr ein weiteres Mal, und dieses Schießen dauert gleich eine Viertelstunde lang. Auch da schießt jedes Mitglied der Weihnachtsschützen auf dem eigenen Grundstück. Das Treffen ist dann vor der Christmette. Um 22.30 Uhr versammelt sich die Gruppe nahe der Kirche. „Pumpermette nennen wir das“, erklärt Weihnachtsschützen-Obmann Johannes Höllbacher. Man wechselt sich ab mit den Turmbläsern, und nach der Blech-Harmonie „wird noch einmal durchgeschossen“ – also einer nach dem anderen und dann noch mal ein mächtiger gemeinsamer Salut.

Die Dürrnberger Weihnachtsschützen verwenden keine Prangerstutzen, sondern Handböller: Das ist ein leichterer, rund zweieinhalb Kilogramm schwerer Vorderlader. Außer zu Weihnachten wird zu Silvester und Neujahr geschossen.

Weihnachtsschützen jüngeren Datums sind die Kollegen im Tal, im Halleiner Ortsteil Gamp. Früher, da sei das Weihnachtsschießen in anderer Form üblich gewesen, erinnert sich Stefan Brandauer: mit selbst produzierten Böl-

lern, sprich Schwarzpulver in Eisenrohren. Damit ging man zu Silvester von Haus zu Haus und ließ es ordentlich tuschen. Und weil ein Schnapserl für die phonstarken Neujahrswünscher beinah obligat ist, war die Stimmung nicht selten ausgelassen und die Vorsicht gering. Böller-Unfälle waren an der Tagesordnung. Schließlich wurde das Böllern mit dem Pyrotechnik-Gesetz 1974 in dieser unorganisierten Form überhaupt verboten. Das war der Zeitpunkt, da sich Stefan Brandauer und seine Mit-Knaller vereinsmäßig organisierten (1976) und die ungefährlichen Prangerstutzen anschafften.

Bald haben sich die Gamper Weihnachtsschützen auch eine Tracht zugelegt. Zwei Mal um Weihnachten treten sie als Gruppe auf: Zu Mittag am 24. Dezember wird eine Viertelstunde lang geschossen, um die nahende Raunacht akustisch zu signalisieren. Und tags drauf, um 11.45 Uhr, lässt man abermals für 15 Minuten die Salven krachen: „So lange dauert die Raunacht", erklärt Stefan Brandauer.

Das individuelle Schieß-Glückwünschen bei den Gamper Schützen ist am Silvestertag angesagt. Da ziehen mehrere Schützengruppen (derzeit sind es sechs) von Haus zu Haus. Neben Munition haben sie auch ein Sprücherl parat. Sie versichern den Hausleuten, dass sie keinen Unfrieden bringen wollten, ganz im Gegenteil: „Wir wünschen enk an deckten Tisch / auf jeden Eck an brat'nen Fisch / in da Mitt'n a Flasch'n Wein / damit des kemmade Jahr recht lustig mag sein!" Seinerzeit – im Gegensatz zu heute – war es übrigens nicht der Brauch, die Schützen in das Haus zu bitten und sie zu bewirten. Das Pulvergeld erhielten sie am nächsten Tag nach dem Gottesdienst auf dem Kirchplatz.

Und was machen Weihnachtsschützen das Jahr über? Da herrscht bei ihnen weitgehend Ruhe: Außerhalb der Zeit hört man ihre Prangerstutzen nur krachen, wenn ein Bursche aus ihren Reihen heiratet.

WO: Weihnachtsschützen gibt es im Bundesland Salzburg in Bad Dürrnberg, in Gamp (Hallein) und in Grödig. Aber auch andere Schützenkompanien schießen zu Weihnachten, Silvester, Neujahr und manche auch zu Dreikönig. – An vielen Orten vorwiegend in Salzburg und Tirol.

WANN: „Weihnachtsschützen" laden ihre Prangerstutzen auf jeden Fall am 24. und 25. Dezember sowie zu Silvester und Neujahr.

INFORMATIONEN: Tourismusverband Hallein/Bad Dürrnberg, Mauttorpromenade 6, 5400 Hallein-Pernerinsel, Telefon: 06245 85394, Internet: www.hallein.com, E-Mail: office@hallein.com

Zu Besuch bei den „Schnegerern“

Eine „Kripperlroas“ führt in die weihnachtliche Seele des Salzkammerguts

Manche Figuren trifft man immer wieder an: die Apfelmirzl zum Beispiel, den Urberl mit der Leinwand oder den Naz mit der Henn. Ein anderer hat einen Brotlaib mit und wieder ein anderer einen Korb voller Eier. Der Vogelfänger ist eine ebenso populäre Figur wie der Seppl mit der Weintraube. Der „blinde Veit“, der von einem Kind geführt wird, ist eine Standardfigur (dahinter verbirgt sich die Vorstellung vom „blinden Seher“). Und nicht zu vergessen auf jene Figurengruppe, die „Vada, laß mi a mitgehn“ heißt: Ein Bub bettelt, dass auch er mitgenommen wird zur Krippe.

Ein buntes Figurenvölkchen also ist in den Salzkammergut-Krippen unterwegs, um dem neugeborenen Jesuskind seine Aufwartung zu machen und Geschenke zu bringen. Jeder hat zusammengerafft, was er in der Eile finden konnte. Natürlich hat auch die bäuerliche Tierwelt einen festen Platz, nicht nur die obligaten Krippenbewohner Ochs und Esel. Schafe, Hühner, Hirtenhunde – man hat viel zu schauen, weil die Zahl der Figuren ja oft in die Hunderte geht. Die sogenannte Kalß Krippe im Museum Bad Ischl ist mit rund 300 Figuren die wohl dichtest bevölkerte im Salzkammergut.

In vielen Alpengegenden ist die Krippe nicht Dekorationsstück. Man lebt mit ihr – und sie lebt mit den Hausbewohnern. Das Salzkammergut ist eines der Krippenbau-Zentren in Österreich, und da wiederum ist Ebensee ein Ort, wo es besonders viele sehenswerte Krippen gibt, auch und gerade in Privathäusern. Krippenbesucher sind auch dort willkommen. Es empfiehlt sich also, in örtlichen Tourismusinformationen in Oberösterreich, von Bad Ischl bis Steyr nach einer Kripperlroas zu fragen. Auch in Tirol, in der Umgebung von Innsbruck vor allem, gibt es diesen Brauch des privaten Kripperlschauens. Aber bitte nicht vergessen: Wenn man in ein Privathaus geht, wird schon eine kleine Spende erwartet.

Mag sein, dass die imposante Landschaft aus Bergen und Wasser gerade rund um den Traunsee die Weihnachtskrippenbauer beflügelt hat: So entstanden im Salzkammergut gewaltige alpenländische Krippenlandschaften. Andererseits gibt es liebenswerte kleine Stücke, zum Beispiel kleine Eck-Krippen aus Wurzelstöcken. Sie wurden und werden in den Herrgottswinkel gestellt oder gehängt. Natürlich ist die Hauskrippe der Ort, an dem in der Christnacht das Evangelium von der Geburt Jesu gelesen wird.

Schnegerer heißen die Krippenbauer im Salzkammergut. Jene Schnegerer, die im 19. Jahrhundert die spezielle Ebenseer Landschaftskrippe schufen, waren meist Holzknechte oder Pfannhauser (Salinenarbeiter), die in der kalten Jahreszeit auf andere Betätigungen angewiesen waren.

Bereits ab Oktober sammeln die Schnegerer Moos und Steine, Holz und Zweige. Jeder Schnegerer kennt seine Plätze, wo er das besondere Moos für seine Krippenlandschaft zu finden hofft. Im Grunde wird eine solche „Heimatkrippe" ja nie fertig. Die Schnegerer bauen immer weiter, schaffen neue Dekorationsteile, Häuser, Figuren – ein Leben lang. Auch mehrere Generationen haben schon an solchen Krippen weitergebaut. Und so kommen auch immer neue Szenen hinzu. Klar, dass in der Weihnachtsnacht die Hirten vor Bethlehems Stall zusammenlaufen. Zu Dreikönig werden die Weisen aus dem Morgenland dazugestellt.

Es hat sich ein eigener, von Region zu Region leicht unterschiedlicher, Krippenkalender herausgebildet, nach dem die einzelnen Szenen gestellt werden. Er ist nicht mit dem liturgischen Kalender der katholischen Kirche identisch, sondern folgt seinen eigenen Gesetzen. Verkündigung an Maria, Heimsuchung, Herbergssuche sind Szenen, die logischerweise im Advent „gestellt" werden. Die Weisen vor Herodes, Anbetung der Könige, Flucht nach Ägypten, Kindermord, Darstellung

Jesu im Tempel (Beschneidung), der zwölfjährige Jesus im Tempel – die Szenenfolge reicht bis zum ersten von Jesus vollbrachten Wunder, der Brot- und Weinvermehrung bei der Hochzeit zu Kana: Für viele Bibelgeschichten rund um die Menschwerdung Gottes gibt es die geeigneten Figuren in einer Salzkammergut-Krippe.

Die „Krippömandl“ können geschnitzt, aber auch aus Ton sein: In der Keramikstadt Gmunden und den umliegenden Traunsee-Gemeinden drängte sich wegen der reichen Tonvorkommen die Herstellung der „Loahmmanderl“ auf. Schon im 18. Jahrhundert sind sie dokumentiert. Die Figuren wurden entweder mit Modeln geformt oder von Hand modelliert. Beide Sorten hat man dann bunt bemalt. Die Produktion von Loahmmanderln war Sache der ärmeren Bevölkerungsschicht; sie bildete meist einen Nebenverdienst. Was sind „Zwoarer-, Dreier-, Fünfer- und Siebener-Manderln“? Das ist die alte Einteilung in Größen beziehungsweise Preisklassen (Kreuzer).

Natürlich hat auch das Schnitzen von Krippenfiguren in der Gegend Tradition. Namen wie Georg Fellner oder Paul Schwaiger lassen die Augen von Krippen-Kennern leuchten.

Im Heimathaus in Ebensee, einem erstaunlich gut ausgestatteten Museum, werden jedes Jahr sechs oder sieben große Landschaftskrippen ausgestellt. Eine lange Tradition hat auch die reichhaltige, jedes Jahr einem Spezialthema gewidmete Weihnachtsausstellung im Stadtmuseum Gmunden (Kammerhof). Bad Ischl ist eine weitere gute Museumsadresse für Krippenfreunde.

Eine Kripperlroas ist ausschließlich von Weihnachten bis 2. Februar möglich. Danach werden die Hauskrippen abgebaut, dass „nicht der Fasching einihupft“, wie die alten Ebenseer sagen.

WO: Besonders schöne Krippensammlungen gibt es im Salzkammergut in Gmunden, Ebensee und Bad Ischl.

WANN: Krippenausstellungen öffnen im Regelfall mit erstem Advent (in Ebensee erst zu Weihnachten) und dauern bis 2. Februar. Eine „Kripperlroas“ in Privathäuser ist zwischen Weihnachten und 2. Februar möglich. In Ischl kann man die Kripperlroas auch mit Pferdeschlitten angehen.

INFORMATIONEN: Ferienregion Traunsee Tourismusbüro Gmunden, Toscanapark 1, 4810 Gmunden, Telefon: 07612 64305, Internet: www.traunsee.at, E-Mail: info@traunsee.at
Tourismusbüro Ebensee, Hauptstraße 34, 4802 Ebensee am Traunsee, Telefon: 06133 8016, Internet: www.traunsee.at/ebensee, E-Mail: ebensee@traunsee.at
Tourismusverband Bad Ischl, Auböckplatz 5, 4820 Bad Ischl, Telefon: 06132 277 570, Internet: www.badischl.at, E-Mail: office@badischl.at

Ein Gloria vor der Krippe

Im Krippenland Tirol – Das Volkskunstmuseum Innsbruck hat die größte einschlägige Sammlung in Österreich

Das Salzkammergut ist eine charakteristische, eigenständige Krippenlandschaft. Auch Salzburg hat eine blühende Tradition, was die Weihnachtskrippe angeht. Aber Tirol ist in Österreich das Krippenland schlechthin. Kein Wunder, dass der Verband der Krippenfreunde Österreichs in Innsbruck seinen Sitz hat – ein 1909 gegründeter, gemeinnütziger Verein, der sich die Förderung und Weiterverbreitung der Krippen und die Schulung in der Kunst des Krippenbaus zum Ziel gesetzt hat. Er strahlt auch ins Ausland aus – mit seinen derzeit über 10.200 aktiven Mitgliedern in zehn Staaten.

„Krippen sind das Bemühen, das Weihnachtsgeschehen naturalistisch darzustellen", erklärt dazu Herlinde Menardi, Leiterin des Tiroler Volkskunstmuseums. „Figuren aus Holz, Wachs, Ton oder Karton bevölkern eine fantastische Landschaft und werden den Berichten des Evangeliums entsprechend verändert." Die Hauptszenen auf den Krippenbergen sind: die Geburt des Herrn, die Anbetung durch die Hirten, der Zug der Könige und die Huldigung des Kindes durch die Könige. „Es geht dabei um das Miterleben des Weihnachtsgeschehens."

Die Krippensammlung des Tiroler Volkskunstmuseums gibt einen hervorragenden Überblick zur Geschichte und Entwicklung der Krippe in Tirol. 1608 wurde in der Innsbrucker Jesuitenkirche die erste Krippe aufgestellt. Der Ort ist nicht überraschend: Nach der bilderlosen Zeit der Reformation machten sich die Franziskaner und speziell die Jesuiten um das Wiederaufleben des religiösen Brauchtums und damit der Weihnachtskrippe verdient.

Die Gasserkrippe aus Heiligkreuz bei Hall mit den prachtvollen Engeln, den Königen und dem zahlreichen Königsgefolge stellt ein hervorragendes Beispiel für die barock gekleidete Krippe dar. In den Kirchen dominierte ja zunächst die Krippe mit Figuren, die kostbare Gewänder trugen. Die Aufklärung hatte wenig Verständnis für solche Prachtentfaltung, Kaiser Josef II. verbot 1782 das Aufstellen von Krippen in den Kirchen. Das war der Moment, da die Weihnachtskrippen in die Privathäuser übersiedelten. „So hat gerade dieses Verbot zur Verbreitung der Hauskrippe beigetragen", erklärt Herlinde Menardi. Das Verbot hielt gerade acht Jahre – aber in der Zeit waren die Krippen bereits zum Hausbrauch geworden.

Die Kripperlroas – das Krippenschauen – gibt es auch hier. Man besuchte und besucht die Nachbarn, bewundert die figurenreichen Hauskrippen, pflegt den gesellschaftlichen Kontakt und stößt mit einem Schnaps an.

„Prost“ heißt es freilich nicht vor der Krippe, hier heißt es stilvoll „Gloria“!

Aus den reichhaltigen Schätzen des Innsbrucker Volkskunstmuseums: Unter den bäuerlichen Krippenmalern sind Georg und Felix Haller aus Götzens besonders hervorzuheben, deren 1824 datierte Krippe durch ihr Zusammenspiel von Figuren, Kulissenstücken und Hintergrundmalerei beeindruckt. Weite Verbreitung haben die preiswerten Papierkrippen gefunden. Die Figuren aus dünnem Karton wurden von Berufsmalern, manchmal auch von Volkskünstlern gemalt.

Die geschnitzte Krippe verdankt ihre weite Verbreitung vor allem Johann Giner dem Älteren aus Thaur (Prachtwerke in Absam und Thaur). Seine großfigurigen Kirchenkrippen wurden zum Vorbild für mehrere Generationen von Krippenschnitzern.

Schnalser Krippe von Friedrich Gurschler, 1987

Im 18. Jahrhundert und in der ersten Hälfte des 19. Jahrhunderts stellte man die Geburt in einer Fantasielandschaft dar. Ab der zweiten Hälfte des 19. Jahrhunderts gewann die orientalische Krippe an Bedeutung. Pilgerfahrten ins Heilige Land unternahm nun auch die ländliche Bevölkerung. Die erlebte Landschaft sollte in der Krippe so naturgetreu wie möglich wiedergegeben werden; auch die Kleidung der Figuren wurde orientalisch. Gerade die orientalische Krippe ist in Tirol weit verbreitet.

Seit 1900 fand die heimatliche oder Tiroler Krippe, die eine bäuerliche, alpine Umwelt wiedergibt, mehr Freunde. Nicht durchsetzen konnte sich die auf wenige Figuren reduzierte Krippe akademischer Bildhauer aus neuerer Zeit. Die Krippe will eben doch nachgestelltes geistliches Barocktheater sein!

Die gegenwärtige Entwicklung, so bestätigt die Krippenkennerin Herlinde Menardi, zeige eine Hinwendung zur traditionellen Krippe mit verstellbaren Figuren und selbst gebasteltem Berg: „Die Beschäftigung mit der Krippe, das Aufstellen der Figuren, das Auflegen des Mooses auf dem Krippenberg und das Umstellen der Szenen helfen mit, die geschäftige Weihnachtszeit beschaulicher zu erleben."

Damit dürfte ein Hauptgrund angesprochen sein, dass in ganz Österreich die Zahl an Krippenvereinen rapide zunimmt. Aber gleich 82 Ortsvereine wie in Tirol, die ihrerseits in Gebietsverbänden zusammengefasst sind, gibt es in keinem anderen Bundesland. Schon daran kann man den außerordentlichen Stellenwert der Weihnachtskrippe im Tiroler Brauchtum ablesen.

WO: Die Krippensammlung des Tiroler Volkskunstmuseums ist die reichhaltigste in Österreich. – In vielen Tiroler Kirchen gibt es sehenswerte Großkrippen, zum Beispiel in Axams, Absam und Thaur. – In den Umlandgemeinden von Innsbruck sind zahlreiche Hauskrippen aufgestellt. Besuchern wird – sofern sie nicht in Autobusstärke einfallen – bereitwillig die Tür geöffnet. Die örtlichen Krippenvereine geben gerne darüber Auskunft.

WANN: Nicht alle Hauskrippen stehen bis Maria Lichtmess (2. Februar). In Thaur bauen viele schon um Romedi ab (15. Jänner), in anderen Dörfern um Sebastiani (20. Jänner). – Das Tiroler Volkskunstmuseum zeigt von Adventbeginn bis 2. Februar besonders viele Stücke aus seiner Sammlung (bis 30. Dezember täglich 10–18 Uhr, am Heiligen Abend bis 16 Uhr und am Silvesterabend bis 14 Uhr, am Christtag und am Neujahrstag ist das Museum geschlossen, ab 2. Jänner täglich 9–17 Uhr).

INFORMATIONEN: Tiroler Volkskunstmuseum, Universitätsstraße 2, 6020 Innsbruck, Telefon: 0512 59 489-510, Internet: www.tiroler-landesmuseen.at, E-Mail: volkskunstmuseum@tiroler-landesmuseen.at

Ein „Pasch" und dann ein „Durcheinand"

Das „Aperschnalzen" in Salzburg ist eine sehr spezielle Art des Lärmbrauchtums

„Ta-tata-ta-ta ..." – Das helle, gleichmäßig-rhythmische Knattern gibt manchem Gast in Salzburg erst einmal Rätsel auf. Das Geräusch ist weithin hörbar – aber nur in den Wintermonaten und auch da nur nach Weihnachten. Das sind die Wochen, in denen die Aperschnalzer trainieren und in Wettbewerben gegeneinander antreten. Aperschnalzer betreiben eine sehr spezielle Form des Lärm-Brauchtums, das für den sogenannten Rupertiwinkel typisch ist. In den Umlandgemeinden Salzburgs, im Salzburger Flachgau, aber auch in jenem angrenzenden Teil Bayerns, der früher einmal zur Erzdiözese Salzburg gehörte, gibt es rund 150 Gruppen von Aperschnalzern. Mit speziell angefertigten Peitschen erzeugen sie jene Knallerei, die den Winter vertreiben soll.

„Goaßl" (Geißel) sagen die Aperschnalzer zu ihrer Peitsche. Sie besteht aus einem rund 70 Zentimeter langen Holzgriff, an dem ein langes, gleichmäßig dünner werdendes Hanfseil montiert ist. Dieses gedrehte Seil wird sorgfältig

eingefettet, damit es schwerer wird und trotzdem geschmeidig schwingt. Die Länge schwankt je nach Kraft und Größe des Peitschenschwingers zwischen zweieinhalb und dreieinhalb Metern. Entscheidend ist das Ende des Seils, das „Zipferl": ein kurzes Stück Bastschnur, sorgfältig aufgefranst am Ende. Dieses quastenähnliche Ding ist entscheidend dafür, dass der Peitschenknall seine charakteristische helle Klangfarbe bekommt.

Meistens stellen sich neun Peitschenknaller („Pass" heißt die ganze Gruppe) hintereinander auf. „Eine ungerade Zahl soll es sein, weil das vom Takt her besser geht", erklärt Dietmar Aiglsperger, Obmann der Aperschnalzergruppe in Liefering. Gespannt stehen sie da, die Goaßl sorgsam ausgerichtet. „Seid's geschickt?" fragt der erste, „ja" ruft der Letzte in der Reihe. „Oane, zwoa, dahin geht's" – das ist das Kommando zum Beginn. Es geht darum, ein gleichmäßiges Knattern zu erzeugen. Der Rhythmus darf nicht „eckig" klingen oder gar unterbrochen werden.

Kraft und Technik müssen zusammenspielen, erklärt Dietmar Aiglsperger, „damit ma sich die Goaßl net umahaut". Am Anfang hat man nämlich Angst, wenn das schwere Seil in kreisende Schwingung kommt, lässt womöglich den Griff aus – und dann wickelt sich das Ding voller Energie um Körper und Waden. Das gibt Striemen. „Aber bis zur Hochzeit war's bei allen wieder gut", tröstet der Experte.

Jedes Jahr gegen Faschingsende treten die Aperschnalzer in sportliche Konkurrenz. Da und dort wird ein Gemeindeschnalzen veranstaltet, dort messen sich die Aperschnalzer benachbarter Dörfer. Einmal im Jahr findet das große Rupertigau-Preisschnalzen statt. Im vorigen Jahr haben daran 150 Passen teilgenommen, 50 davon waren Jugendgruppen. Eine Jury sitzt hinter einer Holzwand. Die Juroren dürfen nicht hinschauen (damit niemand die Gruppe aus seiner Heimatgemeinde bevorzugt), sondern nur zuhören. Sie vergeben Punkte für den kraftvollsten Pasch (also für den lautesten gemeinsamen Knall) und fürs beste Durcheinand, bei dem es aufs Rhythmusgefühl ankommt. Der erste in der Reihe soll der leiseste sein, der Ton dann gleichmäßig anschwellen. Beim Preisschnalzen gibt es keinen Pokal, sondern eine Wandergoaßl. Die beste Gruppe darf sie für ein Jahr behalten.

Die besten österreichischen Schnalzer gibt es in den Dörfern am Fuße des Untersbergs, in Loig (Bilder), Gois und Wals. Geschnalzt wird grundsätzlich nur zwischen dem Stephanitag (26. Dezember) und dem Faschingsdienstag, während des Jahres nur zu besonderen Feiern (bei Hochzeiten von Mitgliedern der Aperschnalzer, oder wenn einer von ihnen Vater geworden ist).

Welche Vorstellungen verbergen sich hinter diesem Brauch? Fürs Aperschnalzen gibt es mehrere Erklärungen. Eine nahe liegende ist jene, dass mit dem Geknalle die Winterdämonen vertrieben werden sollen. Eine andere erklärt den Brauch damit, dass mit dem Peitschenknall die in der Erde ruhende Saat aufgeweckt werden soll. Tatsächlich gibt es in Thüringen und anderswo in Deutschland einen dem Salzburger Aperschnalzen ähnlichen Brauch. Er heißt dort „Lerchenwecken" oder „Kornaufwecken". Im Eifelgebiet und in Schwaben wird übrigens auch mit Peitschen geknallt, aber zu anderer Zeit: Ab dem Spätsommer gibt es dort ein Herbsteinschnalzen.

Eine dritte Erklärung: In Pestzeiten habe das Knallen mit der Peitsche eine (gefahrlose) Verständigung zwischen Bauernhöfen ermöglicht. Jedenfalls ist das Aperschnalzen ein uralter Brauch.

WO: In den Umlandgemeinden Salzburgs und im benachbarten Bayern (Rupertiwinkel).

WANN: Ab Weihnachten bis Faschingsende.

Eigentlich eine Hirtenoper

Das älteste religiöse Volksschauspiel in Oberösterreich: das „Ischler Krippenspiel"

Da hat sich Kaiser Franz Josef, der die Sommerfrische traditionsgemäß in Bad Ischl verbrachte, sicherlich nicht wenig gewundert: Zu seinem Geburtstag am 18. August 1870 wurde ihm zu Ehren das Ischler Krippenspiel aufgeführt. Ein Weihnachts-Schauspiel zu den Hundstagen ...

Sicherlich war's sehr schön und hat ihn sehr gefreut. Was der Kaiser und auch die damaligen Akteure vermutlich nicht gewusst haben: Eigentlich war die „Theatralische Vorstellung der Geburt Jesu Christi" (so heißt das Stück wirklich) eine Hirtenoper. Die Noten sind leider verschütt gegangen, und den Namen des Komponisten kennt man auch nicht mehr.

Das Ischler Krippenspiel ist das älteste religiöse Volksspiel in Oberösterreich. Der Text erschien in der „Sammlung alter Hirtenlieder und Weihnachtsspiele" des Chorherren Wilhelm Pailler aus dem Stift St. Florian im Jahre 1880 zum ersten Mal in Druck. Der Herausgeber berief sich auf einen Ischler Codex aus dem Jahre 1654. Aber der ist leider verschollen. Die älteste bekannte Textfassung findet sich in einer Handschrift aus dem Jahr 1725, die das Linzer Landesmuseum beherbergt.

Über viele Jahre galt das Ischler Krippenspiel als verloren und wurde erst wieder 1922 entdeckt. Seit damals wurde es wieder aufgeführt, und nach dem Zweiten Weltkrieg hat die Ischler Volksspielgruppe die Tradition auch wieder aufgenommen. Man spielt jetzt im Vier-Jahres-Rhythmus.

Über 30 Darsteller sind auf der Bühne des Pfarrsaales, und viele übernehmen mehrere Rollen. Manche Rolle, erzählt der Spielleiter Gerhard Größwang, werde seit Generationen innerhalb einer Familie weitergereicht. Bei den Familien Zopf und Müllegger stecken schon die Enkel in den Kostümen, die Vater und Großvater getragen haben. Die Gewänder wurden 1955 nach alten Schnitten neu angefertigt und inzwischen natürlich schon wieder erneuert. Viele Darsteller der Krippenspielgemeinde kommen aus der Volksspielgruppe Bad Ischl. Die Musikanten stellt die Landesmusikschule am Ort, wo sich extra für diesen Anlass kleine Ensembles und Bläsergruppen bilden.

Am Anfang des nun eindreiviertel Stunden langen Stücks (im Barock soll es 20 Stunden gedauert haben!) berichten die Propheten vom Kommen des Erlösers. Die Handlung folgt der Bibelgeschichte. Nach der Verkündigung tritt der Engel auch mit Josef in Kontakt und verkündet danach den Hirten, was sich da zugetragen hat. Die erzählen es ihrerseits ihren Frauen, den „Hirtenweibern". Hirtenbuben singen zwei traditionelle Weihnachtslieder aus Ebensee. „Alles, was mit den Hirten zu tun hat, ist in einem ganz alten Ischler Dialekt gehalten", erklärt der Spielleiter. „Der übrige Text ist in Hochsprache."

Mit der Anbetung der Hirten endet der erste Teil: „O mein Kindl, wir dich grüßen und von Herzen bitten toan ..., sei so guat, verdamm' uns koan." Im zweiten Teil lernt man zuerst den ob der Prophezeiungen aus gutem Grund irritierten König Herodes kennen, der Hohepriester und Schriftgelehrte zusammenruft. Schließlich tauchen auch die Drei Könige auf, was Herodes keineswegs beruhigt. Das Ischler Krippenspiel endet mit ihrer Ankunft bei der Krippe und der Huldigung des Jesuskindes. Die Zuschauer bekommen einen Liedzettel und gemeinsam wird zum Abschluss ein Weihnachtslied gesungen.

WO: Im Pfarrsaal von Bad Ischl (Oberösterreich).

WANN: Ein Fixtermin ist am Stephanitag, zwei weitere Aufführungen in den Tagen danach (die nächsten Aufführungen sind für den Jahreswechsel 2011/2012 vorgesehen).

INFORMATIONEN: Katholisches Stadtpfarramt Bad Ischl, Auböckplatz 3, 4820 Bad Ischl, Telefon: 06132 23483, Internet: www.pfarre-badischl.at, E-Mail: pfarre.badischl@dioezese-linz.at oder Museum der Stadt Bad Ischl, Esplanade 10, 4820 Bad Ischl, Telefon: 06132 25476, Internet: www.stadtmuseum.at, E-Mail: info@stadtmuseum.at

Besonderer Segen für die Pferde

Im Schritt, Trab und Galopp um die Kirche – Der heilige Stephanus ist ein Pferdepatron

Wenn der Gottesdienst zu Ende ist, haben sich Pferde und Reiter auf der Wiese schon im Halbkreis versammelt", erzählt Stanko Olip, Pfarrer in der Kärntner Gemeinde St. Stefan/Finkenstein. Der heilige Stefan gilt nämlich als einer der Pferdepatrone, und deshalb sind an seinem Gedenktag, dem 26. Dezember, Pferdesegnungen üblich. Vor allem im Süden von Kärnten und natürlich meistens dort, wo das Kirchenpatronat diesem Heiligen gilt. „Aber auch in anderen Kirchen gibt es an dem Tag Pferdesegnungen", weiß Pfarrer Olip.

70 bis 100 Tiere sind es in St. Stefan/Finkenstein. „Ich gehe dann durch und besprenge die Tiere vorsichtig, damit sie nicht aufschrecken", erklärt der Pfarrer.

Warum wurde Stephanus eigentlich Pferdepatron? Das kann niemand so recht erklären. Stephanus gilt als der erste Märtyrer der Christenheit, der bedeutendste der sieben Diakone der Urkirche, also der Jerusalemer Gemeinde. Er wurde – weil er sich in Opposition zu bestimmten religiösen Gewohnheiten seiner Zeit stellte – zum Tode verurteilt und gesteinigt. Da Stephanus schon sehr früh als Pferdepatron verehrt wurde, wird vermutet, dass man ihn als Tier-Fürsprecher an Stelle der keltischen Pferdegöttin Epona bewusst eingeführt hat. Ein solcher Verdrängungswettbewerb in christlichem Sinne ist ja nicht selten anzutreffen.

Eine Zeremonie im Stephanitags-Gottesdienst ist die Weihe von Wasser und Salz. „Stephaniwasser" galt früher als besonders wirkungsvoll gegen Teufel und Hexen. Einst nahmen die Menschen am zweiten Weihnachtstag Krüge mit Wasser mit in die Kirche, um es weihen zu lassen und die Pferde erhielten beim ersten Frühlingsausritt mit Stephaniwasser getränktes Brot, damit sie gesund blieben und nicht verunglückten. Auch Lecksalz hat man früher am Stephanitag segnen lassen.

Im Dom von Maria Saal, einer der kunsthistorisch und religionsgeschichtlich bedeutsamsten Kirchen in Kärnten, heißt der Gottesdienst am 26. Dezember sogar „Rossmesse". Diese wird an einem Seitenaltar gehalten – eben an dem, der dem heiligen Stefan geweiht ist. Nach der Pferdesegnung (Bild) reitet man ein Mal um den Dom. An manchen Orten ist es auch üblich, dass die Reiter drei Mal das Gotteshaus umrunden.

Beim traditionellen Stephanireiten in St. Stefan im Lavanttal wird den Pferden nach der Segnung Brot mit geweihtem Salz gereicht. Und der dreifache

Umritt erfolgt in verschiedenen Gangarten, zuerst im Schritt, dann im Trab und schließlich im Galopp. Dieser Brauch soll Krankheiten und Unheil von Pferd und Reiter abwenden. Wie alt könnte dieser Brauch sein? Überlieferungen besagen, dass die Pferdesegnung auf das letzte Jahrhundert zurückgehe. Vielleicht wollte man damit die im Lavanttal stark verbreitete Pferdepest vertreiben. Andererseits zeigt ein aus dem Jahre 1712 stammendes Votivbild in der Kirche, dass es dort schon im Barock den Pferdekult gab.

WO: In einigen Pfarren vorwiegend Südkärntens, zum Beispiel in St. Stefan im Lavanttal, in St. Stefan unter Feuersberg, in St. Stefan bei Finkenstein, in Eberndorf, Maria Feicht und in Maria Saal.

WANN: Am 26. Dezember nach der Feiertagsmesse, meist vormittags.

INFORMATIONEN: In den jeweiligen Pfarrämtern.

Die Minne des heiligen Johannes

Am 27. Dezember wird der „Johanneswein" gesegnet

Johannes, der Evangelist, war nicht so abstinent wie sein Namenskollege, der Täufer. In einem der Choralgesänge zu dessen Fest (am 24. Juni) heißt es nämlich ausdrücklich: „Vinum et sicerum non bibit". Wein und schon gar harte Getränke kamen ihm also nicht in die Kehle. Der Evangelist Johannes dürfte in der Verbannung von Patmos (wo er frommer Überlieferung nach die Apokalypse geschrieben haben soll) griechischen Retsina schätzen gelernt und sich eine gewisse Trinkfestigkeit zugelegt haben. Der Volksmund hat anschauliche Namen gefunden: „Weinhansl" nennt man den Evangelisten in Tirol, und „Wasserhansl" den abstinenten Täufer ...

Am 27. Dezember jedenfalls feiert man den Weinhansl, da wird in den Gottesdiensten der sogenannte Johanneswein gesegnet. Das bezieht sich auf folgende Geschichte in der Heiligenlegende: Ein heidnischer Priester versicherte Johannes, er wolle erst glauben, wenn der Evangelist einen Becher vergifteten Weins unbeschadet austränke. Zwei Diener wurden gezwungen, zu kosten. Sie starben augenblicklich. Johannes trank, blieb gesund – und holte auch die beiden Vorkoster ins Leben zurück. Anschaulich die Bilddarstellungen des Heiligen: Johannes, der Evangelist, hält in der einen Hand einen Kelch oder Pokal, aus dem sich eine Schlange windet; die andere Hand ist zur Segensgeste erhoben.

„Trinkt die Minne des heiligen Johannes." Das ist der Spruch, mit dem man im Familienkreis mit dem in der Kirche gesegneten guten Schluck anstößt, besonders gerne bei Hochzeiten und Ehejubiläen.

WO: In vielen Kirchen im ganzen Land.

WANN: Segnung des Johanneswein in den Gottesdiensten am 27. Dezember.

„Neujahrsgeigen" aus voller Lunge

Musikkapellen vor allem im Burgenland pflegen diesen Brauch

Die Leute warten schon auf uns", erzählt Gottfried Meitz, der Obmann der Blasmusikkapelle in St. Martin an der Raab, ganz im Südzipfel des Burgenlandes. Mit 20 bis 25 Spielern rückt die Musik zum Neujahrsgeigen aus. Nach einem Marsch oder einer Polka wird „Prosit Neujahr" gewünscht – und dann ist eine Bewirtung fällig. Die Besuchten wissen, wann die Musik ins Haus steht, und sie richten etwas zu Essen her: Brötchen, Krapfen, Mehlspeisen, Tee und natürlich auch einen Schnaps.

„Das braucht man schon, wenn man den ganzen Tag unterwegs ist", sagt Gottfried Meitz. Kondition ist von den Spielern sowieso gefragt, denn das Neujahrsgeigen hat mit dem Neujahrstag selbst nichts zu tun: Vom Stephanitag bis Silvester ist die Gruppe unterwegs, und das ganztägig. Sechs durchaus anstrengende, aber auch höchst kommunikative Tage: „Es ist eine schöne Sache für uns Musiker und für die Besucher gleichermaßen."

Das Neujahrsgeigen hat Tradition. Ursprünglich machten sich einzelne Musiker auf den Weg. Zum Ziehharmonikaspieler gesellte sich ein Klarinettist,

gelegentlich auch ein Trompeter. Aber das ist lange her und nur noch vom Hörensagen bekannt. Der derzeitige Obmann der Musikkapelle in St. Martin an der Raab erinnert sich von Kind an ausschließlich an Ausrückungen der Blasmusik zum Neujahrsgeigen. „Das machen alle Musikkapellen in unserer Region." In Jennersdorf geht man, da die Musikkapelle dort sehr groß besetzt ist, sogar in zwei Gruppen von Haus zu Haus.

Anderswo ist fürs Neujahrsgeigen die Woche zwischen 1. und 6. Jänner üblich. Kleinere oder größere Bläsergruppen gehen um. Das Wort „Neujahrsgeigen" hat mit Streichinstrumenten sowieso nichts zu tun, sondern steht als Synonym für instrumentales Musizieren.

Neujahrsgeigen war früher vielerorts im Burgenland auch eine Sache der Roma. „Ich kenne auch jetzt Roma, die von Ungarn kommen und in Oberwart von Geschäft zu Geschäft gehen", erzählt jemand vom Romaverein im burgenländischen Ort Mischendorf. Aber von speziellem Brauchtum kann man da wohl nicht reden. „Unsere Bräuche sind in Auschwitz geblieben." So bringt eine Befragte vom Kulturverein der österreichischen Roma in Wien die Situation ethnischer Sonderformen der Roma-Kultur auf den Punkt.

WO: Das Neujahrsgeigen wird als Brauch vor allem im Burgenland und in der Oststeiermark geübt; vereinzelt auch in anderen Bundesländern.

WANN: Im Bezirk Jennersdorf ist das Neujahrsgeigen vom Stephanitag bis Silvester üblich, andernorts auch zwischen Neujahr und Dreikönig.

Die Burschen kommen zum „Schappen"

Sanfte Schläge fürs Wohlbefinden der Herzdame

Am Vorabend des Fests der Unschuldigen Kinder, also am 27. Dezember nach Sonnenuntergang: Da steht im kärntnerischen Göriach und in anderen von Slowenen bewohnten Dörfern den jungen Damen Männerbesuch ins Haus. „Šapati" – Schappen – heißt der Brauch, bei dem es (sanfte) Schläge mit Tannenzweigen oder Ruten setzt.

Wer kommt zum Schappen, und wer geht zu wem? Es gibt eine Vorgeschichte: Bei den Kirchtagen (dem jeweiligen Pfarr-Patrozinium) in den slowenischen Dörfern Kärntens sind das „Lindentanzen" und das „Kufenstechen" üblich: Die unverheirateten Männer reiten auf ungesattelten Pferden und versuchen, mit einer Eisenkeule die Kufe zu zertrümmern, ein kegelförmiges Holzfass auf einem Stempen. Derjenige, dem es gelingt, bekommt ein Kränzchen mit Papierblumen und Seidenbändern als Trophäe. Das Lindentanzen schließt sich als Vergnügen und Belohnung für die wackeren Reiter an.

Das ist die Vorgeschichte. Am Abend des 27. Dezember gehen die Burschen von Haus zu Haus. Sie kommen auch zu jenen Mädchen, mit denen sie „unter der Linden", also beim Lindentanzen waren. Gesundheit und Gottes Segen wünschen sie ihrer Liebsten und den anderen Hausbewohnern. Wenn sich

freilich ein Mädchen spröde verhalten hat und die Liebe nicht recht erwidert, dann muss sie sich auch Kritik gefallen lassen unter den Schlägen mit der „Schap-Ruatn" oder dem „Schap-Riatle", wie man hier zur Rute auch sagt. Da hat ein abgewiesener Liebhaber in seinem Frust schon mal „so viele Pankert [uneheliche Kinder] wie die Gail [ein Fluss in der Gegend] Windungen hat" gewünscht. Aber im Normalfall begleiten natürlich nur die allerbesten Wünsche nach Gesundheit und Gottes Segen den schönen Brauch.

Die jungen Damen zeigen sich ihrem Herzbuben erkenntlich, es gibt kleine Geschenke. Früher gab's da ein Hemd, eine Krawatte und vielleicht auch Zigaretten. Ein Hemd ist heute nach wie vor noch üblich.

Ein Ziehharmonikaspieler begleitet die Burschengruppe, die von Haus zu Haus zieht, und der „Svamar", der Strohmann, ist in Göriach auch noch mit von der Partie. Außer Hut und Strohkostüm trägt er eine Buckelkraxe. Da kamen früher die gespendeten Würstel und das Fleisch hinein. „Da hat die halbe Ortschaft Fleisch gegeben", erinnert sich Marjana Meschnig aus Göriach, die seit jeher mit diesem Brauchtum lebt: „Nach dem Schappen sind die Burschen ins Dorfwirtshaus gezogen, und haben sich ein ordentliches Nachtmahl kochen lassen."

Der Brauch, dass die Teilnehmer am Schappen danach ins Wirtshaus eingeladen sind, den gibt es immer noch. Aber unterdessen kaufen die jungen Leute das Fleisch vorab und bringen es bereits am Vormittag zum Wirt. Und beim Schappen selbst bekommen sie heutzutage Geldspenden. Übrigens: Die Tour durch die Häuser kann schon von fünf Uhr Abend bis nach Mitternacht dauern, schließlich gehen die Burschen zu allen Häusern. Die „Schapper" sind also sehr späte Gäste beim Wirt.

Und am Tag der Unschuldigen Kinder, dem 28. Dezember, selbst? Da sind die Kinder an der Reihe mit dem Schappen.

WO: Das Schappen ist ein Hausbrauch in den Dörfern mit slowenischem Bevölkerungsanteil, vorwiegend im Süden Kärntens.

WANN: Am 27. Dezember abends.

„Streich'n gehen"

Das „Frisch und g'sund-Schlagen" ist südlich der Alpen ein Brauch am Fest des Tages der „Unschuldigen Kinder"

Als Herodes merkte, dass ihn die Sterndeuter getäuscht hatten, wurde er sehr zornig, und er ließ in Bethlehem und der ganzen Umgebung alle Knaben bis zum Alter von zwei Jahren töten, genau der Zeit entsprechend, die er von den Sterndeutern erfahren hatte."

So die biblische Geschichte nach Matthäus. Der Tag der „Unschuldigen Kinder" wird am 28. Dezember begangen. An diesem Tag wurde seit dem frühen Mittelalter oftmals „verkehrte Welt" gespielt und die Kinder bekamen für kurze Zeit die Regentschaft übertragen. Als Wiedergutmachung sozusagen. Das Kinderbischofspiel, Knabenbischofspiel oder – in Klöstern – das Kinderabtspiel war also ein uralter Brauch in Mitteleuropa, der manche Auswüchse zeitigte. Bereits in den Jahren 867/870, auf dem Konzil von Konstantinopel, wird das „festum puerorum", „festum stultorum", „ludus episcopi puerorum" oder – später – „fêtes des fous" (Narrenfest) verboten. Aber weder dieses Konzil noch die Verbote der Konzilien von Basel oder Trient haben gegen das „Spiel der umgekehrten Ordnung" etwas ausrichten können. Im 11. Jahrhundert lässt sich das „festum puerorum" erstmals im Abendland, in Rouen festmachen, und es hielt sich dort bis ins 18. Jahrhundert.

Lebendiges Brauchtum im steirischen Gniebing-Weißenbach

Selbst in der Liturgie bekam der „Knabenbischof“ an diesem Tag eine Rolle. Er trug Chorkleidung, Mitra und Stab, und sogar die Kleriker folgten an diesem Tag seinen Anweisungen. Es ist – im weitesten Sinn – ein Kontrollbrauch mit kathartischer Wirkung: Zu der Gelegenheit konnten die Kinder und Jugendlichen Missstände ansprechen. Eine Motivation also für die Erwachsenen, über ihren Umgang mit der Jugend selbstkritisch nachzudenken.

Der Brauch der Knabenbischöfe wanderte noch im Mittelalter auf den 6. Dezember, als der Nikolaustag als Kinderfest populär wurde. Reformation und spätestens die Aufklärung machten ihm im kirchlichen Umkreis den Garaus. In vielen Gegenden hielt sich indes am 28. Dezember der Brauch, dass Kinder mit Haselstauden oder Birkenruten auszogen, um die Erwachsenen zu schlagen. In Österreich gibt es den Brauch südlich der Alpen, in Kärnten, der Steiermark und im Burgenland. Als „Frisch und g'sund-Schlagen“ wird er vielerorts bezeichnet. Damit ist angesprochen, dass es nicht nur ein Heische-, sondern auch ein Glückwunschbrauch ist.

Auch im Ennstal ist am „Kindlaståg“ die Jugend unterwegs, um, wie es dort heißt, „streich'n“ zu gehen. „Frisch und g'sund, frisch und g'sund, s'ganze Jahr kugelrund“ ist eine von vielen Textvarianten. Ursprünglich bekamen die kleinen Gratulanten irgendein „Båcht“, also eine Weihnachtsbäckerei, heute meist Geld. Aus der Steiermark ist das „Frisch und g'sund-Schlagen“ auch das Murtal aufwärts in den Salzburger Lungau gewandert: „Pisnagehen“ oder „Pißerngehen“ heißt es dort. Die Kinder wünschen „a freudenreich's, glückselig's neues Jahr und a Christkindl mit kraust Haar“.

Eine interessante, freilich unüberprüfbare volkskundliche beziehungsweise volksmedizinische Theorie zum Schlagen mit Haselstauden und Birkenruten: Der 28. Dezember fällt ja in die Zeit der „Zwölften“, jener finsteren Tage, in denen es galt, den Mondkalender mit dem Sonnenjahr in Übereinstimmung zu bringen. In den Raunächten suchte man den allerorten lauernden dunklen Mächten beispielsweise mit ausgiebigem Räuchern beizukommen. Möglich, dass feinfühlige Menschen in der sonnenarmen Zeit auch besonders die Erdstrahlung erspürten. Könnten die entstrahlend wirkenden Haselstauden in diese Richtung weisen? Auch Birken haben entwässernde Wirkung und das Schlagen in der Sauna mit Birkenruten wird als gesund gepriesen. Es ist, wie gesagt, zumindest eine schöne Theorie …

WO: Ein leider selten gewordener Straßen- und Nachbarschaftsbrauch in Kärnten, der Steiermark und dem Burgenland.

WANN: Am 28. Dezember.

Silvesterknallerei

Das „Sternschießen" rund um Salzburg ist ein eindrucksvoller alpenländischer Lärmbrauch

Prangerstutzen sind gut halbmeterlange Handböller, die schon 15 und mehr Kilo haben können. Sie werden von vorne mit 50-prozentigem Schwarzpulver geladen. Das Wort „Prang" meint Pracht – und damit ist die Herkunft und Bedeutung dieser Art von Schützenbrauchtum eigentlich schon erklärt: Ihre Funktion leitet sich vom Salutschießen ab. Seit jeher ließen sich Herrscher gerne auf diese Weise eskortieren, um Eindruck zu machen.

In der Zeit der Gegenreformation, als sich die katholische Kirche machtvoll in Szene zu setzen wusste, haben diese militärischen Feuerschützen eine feste Rolle in kirchlichen Zeremonien bekommen. Vor allem in Salzburg und Tirol sind die Schützen (nicht nur die mit Prangerstutzen bewaffneten) aus dem Festgeschehen im Jahreslauf kaum wegzudenken.

Zu Silvester geht es am Nachmittag in der Stadt Salzburg und in den Gemeinden rund um die Stadt Salzburg besonders lautstark zu: Da gibt es ein Sternschießen im Flachgau und im Tennengau. Eine jede Schützenkompanie ist eingeladen, zeitlich gestaffelt eine Salve abzuschießen. Dass sich ein neues Jahr anbahnt, ist also nicht zu überhören.

Die Schützen in Hallein machen den Anfang. „Es wird geschossen von der oberösterreichischen Landesgrenze bis zum Pass Lueg", erklärt Gert Korell, Ehrenobmann der Schützenvereine in der Stadt Salzburg und der Bürgergarde. Rund 30 Kompanien sind in konzentrische Kreise eingeteilt und sie feuern nach einem Zeitplan im 15-Minuten-Takt. In Hallein geht es um 15 Uhr los, ab 16 Uhr bricht sich dann in der Stadt selbst das Echo an den Stadtbergen: Da haben Kompanien an markanten Punkten Aufstellung genommen. Sie feuern, beginnend von der Kuenburgbastei der Festung, vom Museum der Moderne, von der Stadtalm und von der Humboldt-Terrasse, vom Kapuzinerberg und vom Kühberg und so weiter. 14 Gruppen laden allein auf Stadtgebiet ihre Prangerstutzen, und natürlich hört man auch schon das Böllergeräusch, wenn in den stadtnahen Gemeinden die Salven losgelassen werden.

Den Abschluss macht die Bürgergarde der Stadt, eine Traditionskompanie, die schon 1287 gegründet worden ist. Gut 700 Jahre Schützengeschichte – das ist ja so einiges. Die Bürgergarde hat keine Prangerstutzen, sondern eine Kanone. Und die steht am Silvesternachmittag auf der Staatsbrücke.

Bevor die Bürgergarde hier zum letzten Schuss im alten Jahr antritt, besucht sie jedes Jahr den Bürgermeister im Schloss Mirabell. Auch dieses akustische Neujahrswünschen gehört zum Brauch. Was gar nicht so bekannt ist: Nach Ende des Sternschießens, ab 16.15 Uhr ungefähr, marschiert die Bürgergarde zum Alten Rathaus, und dort wird die Bevölkerung auf einen Glühwein eingeladen. In der Säulenhalle im ersten Stock des Gebäudes an der Getreidegasse brodeln da schon 40 bis 50 Liter Glühwein.

Die Tradition der Salzburger Schützenformationen lässt sich bis zum Jahr 1278 zurückverfolgen, mit diesem Jahr datiert die Gründungsurkunde des Oberndorfer Schiffer-Schützen-Corps. Derzeit sind allein im Bundesland Salzburg 5700 Mitglieder in 107 Schützen- und Gardeformationen organisiert. Es gibt Bürgerwehren und Garden, Historische Wehrschützen, Festschützen, Böllerschützen, Prangerstutzenschützen und Handböller- oder Weihnachtsschützen.

WO: Im Flachgau, Tennengau und in der Stadt Salzburg.

WANN: Am 31. Dezember ab 15 Uhr in konzentrischen Kreisen um die Stadt, allmählich auf diese zukommend. Ab 16 Uhr von den Salzburger Stadtbergen und in der Stadt selbst.

INFORMATIONEN: Landesverband der Salzburger Schützen (im Referat Salzburger Volkskultur), Zugallistraße 12 (Petersbrunnhof), 5020 Salzburg, Telefon: 0662 8042 2400, Internet: www.salzburgerschuetzen.at, E-Mail: schuetzen@salzburgervolkskultur.at

Einen guten Rutsch!

„Prosit" und „tov rosch" –
über Glücksbringer und über das Raketenschießen

Es ist nicht weit her mit echtem Brauchtum zu Silvester und Neujahr – kann es auch gar nicht sein, denn der 1. Jänner ist kein Termin, der sich aufdrängte zum Jahreswechsel. Das Kirchenjahr beginnt seit eh und je mit dem ersten Adventsonntag. Und für Christen war dann allemal Weihnachten (auch „Epiphanie", das Fest der Erscheinung des Herrn) ein ungleich bedeutungsschwererer Tag als Silvester oder der erste Jännertag.

Anderthalb Jahrhunderte vor Christus aber hatten die Römer schon ihren Jahresbeginn vom 1. März auf den 1. Jänner verlegt – den Termin für den Amtsantritt neuer Konsuln. Monatsnamen wie „September" und „Oktober" (also die Monatszählung von März an) waren also schon zu Christi Geburt ein Anachronismus.

Ab dem 13. Jahrhundert wurde – mit großen regionalen Unterschieden – der 1. Jänner als Neujahrstag in Mitteleuropa eingeführt. Es dauerte aber bis ins 16. Jahrhundert, bis er allgemein durchgesetzt war, und erst 1691 legte Papst Innozenz XII. diesen Termin als allgemein verbindlich in katholischen Landen fest.

Der Gedenktag für den heiligen Papst Silvester I. (314–335) am 31. Dezember hat nichts mit dem Jahreswechsel zu tun (Papst Silvester gilt als Erbauer der ersten Petersbasilika und der Lateranbasilika, in seiner Regierungszeit unter Kaiser Konstantin wurde das Christentum zur Staatsreligion). Der 1. Jänner ist im kirchlichen Kalender als „Hochfest von der Gottesmutter Maria" und „Namensgebung des Herrn" ausgezeichnet. Also wieder keine Ankerpunkte für spezielle Jahreswechsel-Bräuche.

Silvester gehört zu den traditionellen Raunächten, so wie der ehemalige Thomastag (21. Dezember), der Heilige Abend und der 5. Jänner. Das Räuchern oder Rauchengehen ist überall in Österreich im bäuerlichen Bereich üblich. Da und dort haben sich Heischebräuche wie das Neujahrsgeigen (vor allem in der Oststeiermark und im Burgenland) oder Gratulationsbräuche (etwa das Neujahrsabgewinnen durch Kinder in Tirol) gehalten.

137

Nur mehr selten gehen Rauchfangkehrer auf Glückwunsch-Tour. In Zeiten der Fernwärme stehen die Zeichen für sie nicht so günstig. Als sie noch tatsächlich Kamine kehrten, waren sie prädestiniert als Glücksboten, denn ihr Tun verhinderte Brände. Auch andere Berufsstände baten früher um Gaben: Die Brauchtumsforscherin Helga Maria Wolf erinnert sich, dass es in Wien noch in den 70er-Jahren der Brauch gewesen sei, Verkehrspolizisten zu Neujahr zu beschenken. Mit dem Siegeszug der Verkehrsampel war's auch darum geschehen. Dem Briefträger wird aber nach wie vor eine kleine Geldspende in den Briefkasten gelegt, die Hausbesorger bekommen eine Flasche Wein: Solche Gesten des Dankens haben sich durchaus eingebürgert.

Es ist zu Silvester und Neujahr ähnlich wie zu Weihnachten. Gerade im Familien- und Freundeskreis werden viele individuelle, langjährig eingeübte Feier- und Besuchsrituale eingehalten. Der Fernsehübertragung des Neujahrskonzerts zu lauschen, dürfte eine der verbreitetsten Tätigkeiten am Neujahrsmorgen überhaupt sein: Donauwalzer gegen Kater.

Diverse Glücksbringer gehören auf den Frühstückstisch oder werden bei passender Gelegenheit an Familienangehörige, Freunde und Bekannte in diesen Tagen um den Jahreswechsel verteilt. Warum gilt vierblättriger Klee als Glücksbringer? Frommer Legende nach hat Eva ein vierblättriges Kleeblatt als Andenken aus dem Paradies mitgenommen. Der Besitzer eines vierblättrigen Klees besitzt also ein Stück vom Paradies. „Schwein haben" ist allemal gut, vor allem auf dem Teller. Der Glückspfennig könnte eine Reminiszenz sein an den goldenen Tauftaler oder an jenen Weihgroschen, der in früheren Jahrhunderten an die Türe des Stalls genagelt oder stets mitgeführt wurde, in der Hoffnung Hexen zu vertreiben.

Von den einst in den Raunächten beliebten Los- oder Orakelbräuchen wird

– immer seltener – das Bleigießen praktiziert. Bleiobjekte werden über der Kerze in einem Löffel geschmolzen und ins Wasser gegossen. Die Form des erkaltenden Materials wird gedeutet: Eine ankerähnliche Form könnte auf Hilfe in der Not hoffen lassen, eine Kugel könnte bedeuten, dass Glück anrolle. Blumenartige Gebilde machen Hoffnung auf neue Freundschaften, eine Fischform auf Glück, ein Ring auf Hochzeit. Ein Kreuz lässt Krankheit oder gar Tod befürchten.

Begnügen wir uns mal damit, „Prosit" zu wünschen, „Wohl bekomm's" oder „es möge gelingen". Auf Glatteis begibt sich jemand, der „einen guten Rutsch" wünscht und dabei an gefrorene Winterwege denkt. „Rosch ha-Schanah" heißt das jüdische Neujahrsfest. „Rosch" heißt auf Hebräisch „Kopf" oder „Anfang", zum Jahresanfang wünschen Juden einander einen „tov rosch" (guten Anfang). Das wurde verballhornt zum „guten Rutsch".

Bleibt die Silvesterknallerei, mit der in Österreich jährlich rund 8,5 Millionen Euro Umsatz gemacht wird (mit anderen Silvester-Glücksbringern, man höre und staune, aber gar 20 Millionen Euro). Lärm haben angeblich schon die Germanen in der finstersten Jahreszeit gemacht, und die Römer waren zum Jahreswechsel auch nicht leise. Schon im 4. Jahrhundert wetterten Kirchenleute dagegen, seit jeher erfolglos. Allzu viel sollte man nicht hineininterpretieren. Lärm macht Mut, und mit Mut ins neue Jahr zu gehen, schadet gewiss nicht. Diesen Mut kann man leicht kaufen, laut Wirtschaftskammer Österreich an 10.000 Verkaufsstellen, Geschäfte und mobile Verkaufsstände zusammengenommen.

Womit wir beim Jahreswechsel im öffentlichen Raum wären: Die Event-Kultur hat logischerweise vor dem Jahreswechsel nicht haltgemacht. Keine Landeshauptstadt, die nicht im Zentrum Programm auf Freilichtbühnen bietet. Seit 20 Jahren schon gibt es in Wien den Silvesterpfad, mit zuletzt rund 700.000 Hör-, Schau- und Aktivitäts-Lustigen.

WO: Im ganzen Land.

WANN: Am Silvesterabend zu Mitternacht werden Raketen geschossen, in allen Landeshauptstädten gibt es unterdessen auch große offizielle Feuerwerke. – Und am Neujahrstag heißt es um 11 Uhr den Fernseher aufdrehen: Das Neujahrskonzert wird aus dem Goldenen Saal des Wiener Musikvereins übertragen, Österreichs bei Weitem nachhaltigste und effektivste internationale Botschaft.

Quakende Besucher mit Reinlichkeitsfimmel

Die „Rauriser Schnabelperchten" gehen am Vorabend des Dreikönigstages um

Ein Kuddelmuddel – so könnte man es aus volkskundlicher Sicht beschreiben, was da alles im Verlauf einiger Jahrhunderte im inneralpinen Raum zusammengekommen ist und jetzt unter dem Ausdruck „Percht" läuft. Krampus-Schreckfiguren sind darunter und auch solche Masken, die eine Kulturwanderung unternommen haben und in denen man beispielsweise Masken vom venezianischen Karneval nachahmte.

Percht ist also nicht gleich Percht. Mit dem Pongauer Perchtenlauf zum Beispiel – der größten heimischen Brauchtumsveranstaltung dieser Art – haben die Schnabelperchten, die zeitgleich (am 5. Jänner) in Rauris umgehen, so gut wie nichts zu tun. Wenn auch seit einigen Jahrzehnten beim Perchtenlauf in Altenmarkt vier Schnabelperchten mitmarschieren.

Die Rauriser Schnabelperchten, die unter „Qua-qua-qua"-Geschrei von Haus zu Haus ziehen, sind Wesen ganz anderer Art. Seit dem frühen Mittelalter ist die „Frau Berchta" nachweisbar, eine – wie Volkskundler derzeit annehmen – typisch christliche Kontrollfigur: Sie kommt ins Haus, um das Wohlverhalten der hier Wohnenden, ihre Reinlichkeit und dergleichen zu überprüfen. „Frau

Perchta mit der langen nas“ heißt eine Larve, die der Südtiroler Hans Kintler schon 1486 nebst anderen Teufels- und Schnabelperchten beschrieben hat.

Am Vorabend des Dreikönigstages, der letzten Raunacht, gehen im Raurisertal die Schnabelperchten um. In dieser Form gibt es sie wirklich ausschließlich hier. Es sind junge Burschen, meist zu viert oder zu fünft. Sie tragen alte, geflickte Kittel und anstatt Schuhen plumpe, aus Stroh geflochtene Patschen, „Dotschen“. Ihr 60 Zentimeter langer Schnabel ist kunstvoll aus einem Tuch gefaltet und mit Holzstäben verstärkt.

Drei besondere Utensilien gehören zu diesen quakenden Vogelperchten: ein Besen, eine große hölzerne Schere und ein geflochtener Korb am Rücken. Letzterer dient dazu, Bösewichte mitnehmen zu können. Und wozu die Schere? Zum Bauchaufschneiden! Die Drohung lautet nämlich: Sollte sich Unrat in den Stuben angesammelt haben, wird dieser aufgefegt (dafür der Besen) und in den Bauch der Hausherrin hineingestopft. So weit ist es freilich seit Menschengedenken noch nirgendwo gekommen, denn die Hausfrauen in Rauris achten selbstverständlich besonders an diesem Abend auf peinlichste Sauberkeit. Und angesichts der Buckelkraxe haben auch die Kinder guten Grund, besonders brav und „stad“ zu sein.

Bevor die Schnabelperchten gehen, erwarten sie Futter. Es wird ihnen Geld in den Schnabel gesteckt, und manche Percht hat sich auch nicht abgeneigt gezeigt, wenn ein Schnapsstamperl den Weg durch den Mundvorbau gefunden hat.

WO: In Rauris (Salzburg).

WANN: Am Abend des 5. Jänner.

INFORMATIONEN: Tourismusverband Rauris, Kirchplatz 1, 5661 Rauris, Telefon: 06544 200 22, Internet: www.raurisertal.at, E-Mail: info@raurisertal.at

Die „Berigl" geht zum Nachbarn

Im Ausseerland ist der Perchtenbrauch am Vorabend von Dreikönig besonders urtümlich

Öfters mal kann man „Perigl" lesen, aber korrekt heißt es „Berigl". „Man muss eben genau losen", sagt Monika Gaiswinkler, eine intime Kennerin des Brauchtums im Ausseerland. „Losen" ist der Mundartbegriff für „zuhören". Wenn Monika Gaiswinkler von den Berigln erzählt, kann man stundenlang losen.

Auch hinter der Berigl steht die Percht, die als die älteste noch lebendige Brauchtumsfigur in Mitteleuropa angesehen werden kann: keine Schreck-, sondern eine Lichtfigur. Sie ist also keine Besucherin, die Panik verbreiten soll. Die Berigl gehört zu jenen klassischen Perchten, die unter verschiedenen Namen und in unterschiedlicher Kostümierung im Alpenraum in der letzten und wichtigsten, der „feisten" Raunacht umgehen. Sie ist gern gelitten, weil sie Glück und Segen ins Haus bringt. Im Ausseerland ist es gar die Berigl, die „K+M+B" mit Kreide an den Türstock schreibt – und nicht die Heiligen Drei Könige! „Darauf legen die Bauern bei uns größten Wert", weiß Monika Gaiswinkler. Hinter den Buchstaben verbirgt sich auch nicht der Dreikönigssegen „Christus mansionem benedicat" (Christus segne das Haus). Da müsste der erste Buchstabe ja ein „C" sein. Das „K+M+B" der Berigl steht für die drei „heiligen Madln", für die volkstümlichen Nothelferinnen Katharina, Margaretha und Barbara.

Die Berigl muss traditionellerweise unerkannt bleiben. Früher hat man sogar die Kleider mit dem Futter nach außen getragen, damit sich bloß keine Anhaltspunkte zur Identifizierung der Besucher ergaben. Über die Haare kommt ein Kopftuch, damit auch dieses Erkennungszeichen wegfällt. Übers Gesicht hängt ein Tuch, an dem mit Federn geschmückten Hut befestigt. Nur Augenschlitze, höchstens noch Öffnungen für Nase und Mund sind ausgeschnitten. Die Berigl trägt bis heute also eine archaische, schlichte Verkleidung.

Die Berigl kontrolliert, ob alles sauber und der Ofen gekehrt ist. Sie sieht aber auch nach, ob genug Fichtenholzspäne zum Feuermachen bereit sind. Ein Besen oder Staubfetzen gehört ebenso zu ihrer Ausrüstung wie eine Glocke (kleinere Viehglocken, nicht Kugelschellen wie sie in Salzburg und Tirol bei Krampusläufen üblich sind).

Berigln sind schweigsame Wesen. Wenn sie überhaupt etwas sagen, dann mit verstellter Stimme. Die Hausleute wiederum versuchen, die Berigl mit Fragen aus der Reserve zu locken.

Wer geht zum Berigln, und wohin? Früher war es so, dass man ausschließlich die Bauernhäuser in der unmittelbaren Nachbarschaft besuchte. Bei rauem Klima, Dunkelheit und einer durchschnittlichen Schneelage von 1,20 Metern war es nahe liegend, dass sich nur Burschen als Berigl verkleideten. Heute ist das anders, da stecken hinter vielen Berigl-Larven auch „Weiberleut'". „Im Ort Aussee selbst hat es nie Berigln gegeben", weiß Monika Gaiswinkler, „es ist ein rein bäuerlicher Brauch" in den umliegenden Weilern. Bis heute sind Berigln deshalb im Ortszentrum selten.

Dafür haben sie rundum beinahe überhandgenommen! Einst waren eben nur die verkleideten Nachbarn, also höchsten fünf oder sechs Berigln zu bewirten. In jüngerer Zeit seien 30 und mehr unterwegs, heißt es. Ein Wunder, dass man mittlerweile selbst in gastfreundlichen „Beriglhäusern" (wo die Verkleideten gerne mit „Glöcklerkrapfen" und Getränken bewirtet werden) reserviert reagiert? In die Stube gebeten werden jedenfalls nur mehr solche Berigln, hinter denen man tatsächlich Nachbarn und Bekannte ortet. Die anderen bekommen die Krapfen und den guten Schluck vor dem Haus. Übrigens: „Die Berigl isst, was sie bekommt." À-la-carte-Wünsche zeugen von Brauch-Dekadenz!

Was steht sonst noch im Ausseer Berigl-Knigge? „Vor Mitternacht muss man sich demaskieren, und dann ist Schluss." In Grundlsee hat sich ums Beriglgehen noch ein weiterer Brauch entwickelt. Beim „Hexenläuten" laufen Kinder mit Glocken durch den Ort, um die Berigl zu vertreiben, es kommt sogar zu Raufereien. Nach dem Hexenläuten jedenfalls haben die Berigl nichts mehr auf der Straße verloren.

Auftreten und Aussehen der Berigln unterscheiden sich selbst in benachbarten Weilern. Und von Ort zu Ort sowieso. In Bad Mitterndorf zum Beispiel gehen „Haarperchten" um: Anstatt des Tuches werden die langen Haare vors Gesicht gekämmt oder das Gesicht hinter einem Flachsvorhang verborgen. Dort wird zu den ungefüllten, fladenförmigen Bauernkrapfen auch „Perchtlmilch" gereicht (Milch, Zucker, Schnaps).

WO: In den Gemeinden im Ausseerland.

WANN: Am Abend des 5. Jänner.

Nüsse von der „Pudlmuatta“

Eine Perchtenfigur, die in der Oststeiermark in der „Dreimahl-Nacht“ die Kinder beschenkt

Die Pudlmuatta ist immer gekommen, von Anfang an, schon als wir kleine Kinder waren“, erinnert sich die steirische Mundartdichterin Agnes Spitzer. Und das war gut so, denn die Pudlmuatta war und ist eine gute Frau: „Sie beschenkt jene Kinder, die zu Weihnachten leer ausgegangen sind, die vergessen worden sind. So haben es uns die Eltern erklärt.“

Tatsächlich, weiß Agnes Spitzer zu erzählen, war es so, dass es zu Weihnachten selbst damals noch keine Geschenke gab. Jetzt ist das natürlich anders, wenn sie selbst als Pudlmuatta zu den Kindern in der Nachbarschaft kommt, am 5. Jänner abends um sieben oder halb acht Uhr. Zum Beispiel ins Gasthaus ihres Schwiegersohnes Karl Paunger: „Da sind ja auch viele Gästekinder da, und alle warten schon ganz aufgeregt.“

Wie sieht die Pudlmuatta aus? Einen langen Kittel zieht sich Agnes Spitzer an und einen alten Rock. Mit einem Polster macht sie sich einen künstlichen Buckel. Flachs kommt in die Haare und ein Kopftuch drüber. Attraktiv sieht sie nicht aus, die Pudlmuatta: „Eine schiache Perchtenfigur, aber eine gute Frau.“ Einst gab’s zu dem Anlass Nüsse und Würfelzucker für die Kinder, erinnert sich Agnes Spitzer an ihre ärmliche Jugend. Jetzt hat sie einen alten Häfen mit. Er ist gefüllt mit Erdnüssen und Stollwerck. „Die Sachen streue ich einfach auf den Boden.“ So ist es Pudlmuatta-Brauch, und davon kommt auch die eigenartige Bezeichnung: „Pudeln“ bedeutet, etwas hinein rollen oder einwerfen. – Andere Pudlmuatta-Geherinnen tragen die Süßigkeiten in der gerafften Schürze und lassen sie dann fallen. Die Pudlmuatta redet nicht, und sie kommt

nicht auf Bestellung, sondern aus eigener Initiative. Um so größer ist die Freude der Kinder.

Auch der Luzientag (13. Dezember) war früher ein Umgangstag für die Pudlmuatta, aber jetzt hat sich allgemein der 5. Jänner eingebürgert. „Dreimahl-Nacht“ heißt diese Raunacht in der Gegend. „Da hat es drei Arten Koch gegeben“, weiß Agnes Spitzer: Gries-, Reis- und Mehlkoch. Dieser Brauch (hinter dem wohl die auch andernorts in der niederösterreichischen Alpenregion und der Obersteiermark verbreitete „Perchtenmilch“ steckt) ist natürlich längst abgekommen. Aber die Pudlmuatta geht immer noch um, nicht nur in Miesenbach, sondern auch an anderen Orten im Joglland in der nordöstlichen Steiermark, in der Gegend um Birkfeld und Vorau. Solche Umgänge in der Nachbarschaft reihen Volkskundler oft in die Gruppe sozialer Kontrollbräuche ein. Der tiefere Sinn war einst, dass ein paar Mal im Jahr Fremde ins Haus kamen und so eventuell auf Missstände (im Umgang mit Kindern, Alten oder behinderten Familienmitgliedern) aufmerksam wurden.

WO: Ein Hausbrauch in der Oststeiermark (im Gebiet Birkfeld, Vorau und allen Dörfern im Joglland).

WANN: Am Abend des 5. Jänner.

INFORMATIONEN: Tourismusverband Joglland-Waldheimat, 8255 St. Jakob i. Walde 24, Telefon: 03336 20 255, Internet: www.joglland-waldheimat.at, E-Mail: info@joglland-waldheimat.at

Ein Essen für die „Perscht" und ihre „Zodawaschln"

„Perschtmilch" für die unsichtbare Sagenfigur und ihre unglückliche Kinderschar

Die „foaste" Raunacht ist die letzte und die als am weitaus gefährlichsten eingestufte in der unheimlichen Reihe der „Zwölften". Da geht in vielen Gegenden Österreichs die Frau Berchta um, allerdings unter sehr unterschiedlichen Namen und mit unterschiedlichem Äußeren. Von der Pudlmuatta (Oststeiermark) über die Berigl (Ausseerland) bis zur Pinggalpercht (Zillertal) – gemeint ist doch immer die gleiche Figur: Jenes oft in Lumpen gehüllte Wesen, das kontrolliert, ob die Verrichtungen des alten Jahres gut abgeschlossen sind. Deshalb muss aufgeräumt sein und es darf keine Wäsche zum Trocknen hängen. Ist wohl alles bereit, das Licht zu empfangen? Dreikönig war ja der ursprüngliche Weihnachtstag. „Erscheinung des Herrn" heißt das Fest bis heute im kirchlichen Kalender.

Die mittelalterliche Percht oder Bercht – eine Licht- und keineswegs eine Schreckgestalt – ist zu einer Art katechetischen Figur geworden. Man muss Respekt vor ihr haben, es sollte alles im Wortsinn „ins Reine" gebracht sein zu diesem Termin. Umzugsbräuche sind häufig, aber ebenso oft bleibt die in dieser Nacht umgehende Frau Berchta, Percht (oder wie sie auch immer heißen mag) unsichtbar.

Das Mendlingtal an der niederösterreichisch/steirischen Grenze ist eine solche Region, wo Bauern nach wie vor im Brauch des bevorstehenden nächtlichen Besuchs der „Perscht" gedenken. Im Altbauernhof „Ablass" auf dem Hochplateau Hochreit, einem zum lebenden Bauernmuseum umfunktionierten Gebäude, ist es nach wie vor klar, dass am Abend des 5. Jänner „Perschtmilch" kredenzt wird. „Wir machen das auch mit unseren Gästen", versichert Ernst Zettel. Was dahinter steckt: Wenn die Perscht mit den „Zodawaschln" (ihrer Schar unerlöster Kinder) umgeht, braucht diese Schar schließlich etwas zu essen. Ein Rest Perschtmilch muss also in der Schüssel, aus der rundum alle gekostet haben, übrig bleiben. Die Löffel bleiben zuletzt über Nacht liegen beziehungsweise sogar stecken in der Perschtmilch. Wenn sie am nächsten Morgen gekippt sind oder sich an ihnen Milch angelegt hat, gilt das als Orakel. Es könnte zum Beispiel signalisieren, dass jemand heiratet. In unterschiedlichen Regionen wird dieser Losbrauch verschieden gehandhabt und gedeutet.

Perschtmilch ist Milch, in die Weißbrotstücke (Semmeln) eingebrockt sind. Früher war es so, dass ein üppiges Mahl voranging. „Ein paar Tage zuvor wurde eine Sau abgestochen", weiß Ernst Zettl, der Altbauer. „Alle Dienstboten am Hof haben sich so richtig anessen können". Zum Schluss kam dann die Perschtmilch auf den Tisch: das Mitternachtsmahl der Perscht und ihrer Zodawaschln.

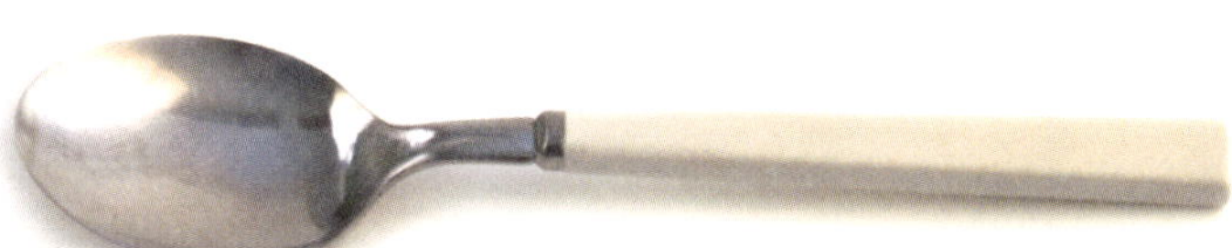

WO: Ein Hausbrauch im Mendlingtal (Niederösterreich), in abgewandelter Form aber in vielen Regionen Österreichs.

WANN: Am Abend des 5. Jänner.

INFORMATIONEN: Bauernhausmuseum „Ablass", Familie Zettel, Hochreit 5, 3345 Göstling/Ybbs, Telefon: 07484 2422

Kinder und „Schnapsperchten“

„Pinggalperchten“ im Zillertal und in Hintertux – Trinkfestigkeit ist gefragt

Pinggalperchten – was mag hinter dem Namen stecken? Das österreichische Wort „Binkel“ oder „Binkerl“ für „Bündel“ ist so im Dialekt verballhornt worden. Es handelt sich also um Perchten, die ursprünglich ein Binkerl zum Verstauen der erheischten Gaben auf dem Rücken getragen haben.

Das ist jetzt nicht mehr notwendig, denn die Pinggalperchten, die in Mayrhofen (Zillertal) und im Tuxertal umgehen, erbetteln heutzutage zweierlei: Tagsüber kommen die Kinder, und sie erwarten eine kleine Geldspende. Und am Abend, wenn die Erwachsenen in die Verkleidung schlüpfen und von Haus zu Haus ziehen, dann ist Hochprozentiges gefragt. Ein Schnapserl als Willkommensgruß ist ja nicht nur im Zillertal üblich. „Schnapsperchten“, sagt eine befragte Einheimische mit etwas verächtlichem Unterton. Sie macht aus ihrem Herzen keine Mördergrube: Die Trinkfestigkeit werde exzessiv ausgetestet, „und am nächsten Tag sind sie tot“.

Auch Paul Lechner, der Ortschronist von Mayrhofen im Zillertal, spricht von einem Brauch, der „ein wenig verflacht“ ist. Die Pinggalperchten machen sich am 5. Dezember abends also eher nach Lust und Laune auf den Weg: „Es sind lose Vereinbarungen, Leute beschließen spontan: Gemma perchten!“, erklärt der Ortschronist.

Eine einheitliche Verkleidung? „Überhaupt keine“, sagt Paul Lechner – heutige „Pinggalperchten“ haben nur mehr wenig mit dem ursprünglichen Brauchtum zu tun. Man sucht alte Kleider, vermummt sich oder setzt irgendwelche gekauften Masken auf. Ältere Zillertaler bedauern das, denn sie erinnern sich, dass die Pinggalperchten früher durchaus ansprechende Larven trugen. „Aber heute sind sie oft so richtig grausig“, sagt eine traditionsbewusste Dorfbewohnerin. Zombiemasken machen eben auch vor alten Bräuchen nicht Halt, so wie sie sich mancherorts auch in die Krampusläufe einschleichen.

Und was tun Pinggalperchten? „Ein glückselig's neues Jahr“ wünschen sie beim Eintritt ins Haus, und im Übrigen sind sie möglichst schweigsam, geben sie höchstens knappe Antworten mit verstellter Stimme. Ein „Sport“ ist es ja auch hier, dass die Bewohner des jeweiligen Hauses dahinterkommen möchten, wer sie da besucht – und die Perchten ihrerseits trachten danach, ihre Identität tunlichst zu verschleiern.

Wie vertragen sich eigentlich Brauchtum und Tourismus? Das Zillertal ist ein Beispiel dafür, dass Kräfte zwischen Weihnachten und Dreikönig anders eingesetzt werden müssen als für die Pflege privater Bräuche. „Da haben wir Saison“, sagt eine Befragte, aber sie ergänzt dann ernsthaft: „Die Bräuche würden schon gepflegt, aber es gibt bei uns wenig.“ Zu den Raunächten ist ihr dann doch noch etwas zu entlocken: Am 24. und am 31. Dezember und dann am 5. Jänner wird nicht nur in Haus und Stall geräuchert. Da kommen auch die „Schoderblattlang“ auf den Tisch: Weißbrot, mit Mohn und Zimt bestreut, in eine Schüssel geschichtet und mit gezuckerter Milch übergossen. „Mognschoden“ sagt man dazu auch, und das hat überhaupt nichts mit Magenverstimmung zu tun: „Mogn“ ist das Dialektwort für Mohn.

WO: In Mayrhofen im Tiroler Zillertal und in Hintertux (Tuxertal).

WANN: Die Pinggalperchten gehen am Abend des 5. Jänner um, sie kommen zum Neujahrswünschen auch in Gasthöfe.

INFORMATIONEN: Tourismusverband Tux-Finkenberg, Lanersbach 401, 6293 Tux, Telefon: 05287 8506, Internet: www.tux.at, E-Mail: info@tux.at
Tourismusverband Mayrhofen, 6290 Mayrhofen, Telefon: 05285 67600, Internet: www.mayrhofen.at, E-Mail: info@mayrhofen.at

Was alles Percht ist und Percht heißt

Der „Pongauer Perchtenlauf" ist einer der eindrucksvollsten Schaubräuche im ganzen Alpenraum

So gut wie alles, was es an Perchten in unterschiedlichsten Erscheinungen gibt, kann man einmal im Jahr auf einem Fleck bewundern – und noch viel mehr. Der Pongauer Perchtenlauf wird jedes Jahr um Dreikönig durchgeführt, abwechselnd in Altenmarkt, Bischofshofen, St. Johann (im Pongau) und Bad Gastein. Es sind nicht immer dieselben Leute unterwegs, denn jeder Ort hat seine eigenen Gruppen, seine eigenen kleinen Besonderheiten – es gehen also nicht die Brauchtumsgruppen in die anderen Gemeinden auf Tournee, sondern jeder der vier großen Perchtenumzüge wird im Ort selbst ausgerichtet und hat daher sein eigenes Gepräge.

Percht – was da alles zusammenkommt! Die auffälligsten sind jene Figuren, die unter dem Sammelbegriff „Schönperchten" laufen: Seit 1850 sind diese „Pongauer Kappenperchten" belegt. Bis zu zwei Meter hoch ist ihr Kopfschmuck, mit allerlei Schmuck behängt, mit Spiegeln geschmückt. Vor allem in diese Spiegel wurde und wird immer noch viel hineininterpretiert: Sie dienten – so heißt es – dazu, dass die Dämonen sich darin selbst sähen und erschreckten. Keine Rede von irgendwelchen heidnischen Wurzeln dieser Brauchtumsfiguren: Die Schönperchten seien, so die Ansicht der zeitgemäßen Volkskunde, Umformungen und Umdeutungen von Karnevalsgruppen (wie beispielsweise auch die Pinzgauer Tresterer). Die Commedia dell'Arte lässt da ebenso grüßen wie der Karneval von Venedig. Es finden sich aber auch Elemente von geistlichen Spielen aus Mittelalter und Renaissance. Und schließlich kam auch noch ein guter Schuss alpenländischen Sagenguts dazu.

Also darf man sich nicht wundern, wenn in Altenmarkt die Sieben Zwerge mitsamt Schneewittchen den Zug eröffnen, dann Schnalzer auf Norikerpferden reiten, denen eine Hexengruppe mit Teufeln folgt. Die Krampusperchten machen in jedem der vier Umzüge ordentlich Radau. „Schiachperchten" werden sie auch genannt – und Volkskundlern ist der Hinweis wichtig, dass dieser Name gar nichts mit „hässlich" zu tun haben muss, sondern in der Bezeichnung auch das Scheuen steckt. Schiachperchten sind Figuren, die man lieber meidet, und die in anderen Brauchtumsformen ihrerseits das Licht und das Gesehenwerden scheuen. Diese Perchten sind tatsächlich jene, die genuin zum 5. Jänner gehören und vorchristliche, zumindest frühmittelalterliche Wurzeln haben. Von (Schnabel-)Perchten, Berigln, Pinggalperchten und der Pudlmuatta war ja in den vorigen Kapiteln schon die Rede.

Es genügt, die Namen der Schönperchten aufzuzählen, um einen guten Eindruck von der Kostümierung zu vermitteln: Wappenpercht, Birkschwammpercht, Schmuckpercht, Blumenpercht, Almabtriebpercht, Turmpercht, Federnpercht, Vogelpercht, Wildpercht, Tuchpercht, Getreide(kron)percht – all das weist auf Elemente ihres jeweiligen Schmucks hin.

Werchmandl und Tannenzapfenmandl leiten (in Altenmarkt) über zur Nachgruppe der Sagenfiguren und den populären Volkstypen: Da hat der Tappenkarlindwurm ebenso einen Platz wie die Habergoaß, der Teufelsbründljäger ist mit Sennerin und Hexe unterwegs, es gibt Wilderer und „Zigeunerinnen", Rauchfangkehrer und Briefträger, Bären und Treiber, Hausierer, einen Hanswurst – und kämen ganz am Ende nicht die Heiligen Drei Könige, fühlte man sich in einen Faschingsumzug versetzt. Das will es aber dezidiert nicht sein.

Unterschiedliche Traditionslinien aufzudröseln, nach Bedeutung und geografischem Ursprung – damit hätten Volkskundler und vergleichende Kulturwissenschafter noch viel zu tun. Einer der Wege dieser binneneuropäischen

Kulturwanderung lief über Südtirol, wo man mit den Renaissance-Spielen und Karnevalsfiguren oberitalienischer Städte vertraut war. Nachdem die Salzburger Erzbischöfe die Protestanten des Landes verwiesen hatten, entstand ein Bevölkerungs-Vakuum in den Salzburger Gebirgsregionen, das gefüllt sein wollte. Damals, im 18. Jahrhundert, holte man vor allem „rechtgläubige" Tiroler und Bayern ins Land (den Oberösterreichern aus den glaubensmäßig viel toleranteren habsburgischen Landen traute man kirchlicherseits weniger über den Weg). So erklären sich manche überregionale Brauch-Verwandtschaften.

Perchtenlaufen ist etwas, das Kraft und Kondition braucht: Der Lauf im Gasteinertal dauert zwei Tage. Die Männer sind jeweils neun bis zehn Stunden unterwegs und legen pro Tag 14 bis 16 Kilometer zurück. Die Aufbauten der „Kappenträger" wiegen bis zu 50 Kilo – und sie machen bei ihrem Umzug vor zu ehrenden Personen bis zu 200 Referenzen (Knickse und Verbeugungen) am Tag. Da kann man sich die Strapazen für die Teilnehmer gut ausmalen. Vor dem Aufbruch in Bad Gastein werden die Perchtenläufer in aller Früh deshalb auch eindringlich „zur Meidung von übermäßigem Alkoholkonsum" angehalten.

In den vergangenen 10, 15 Jahren sind auch Perchtenläufe in Goldegg und Pfarrwerfen initiiert worden. Dorthin werden aber Perchtengruppen auch von anderen Regionen eingeladen: Nach Pfarrwerfen kommen so auch die Steinacher Glöckler. In Goldegg haben die Schönperchten höheren Stellenwert als anderswo, denn dort orientiert man sich an jener „Schönperchtenmaske aus Goldegg", die sich im Wiener Volkskundemuseum erhalten hat: ein Objekt aus dem 18. Jahrhundert, mit Rokoko-Einschlag. Alte Traditionen, krause Vorstellungen, lustvolle Neuerfindungen fließen also ineinander.

WO: Im Vierjahresrhythmus in den Gemeinden Altenmarkt, Bischofshofen, St. Johann und Bad Gastein beziehungsweise Bad Hofgastein; neuerdings auch in Goldegg und Pfarrwerfen (Salzburg).

WANN: In den Tagen vor und um Dreikönig. Im Jahr 2011 ist Altenmarkt an der Reihe, 2012 Bischofshofen, 2013 St. Johann und 2014 Bad Gastein.

INFORMATIONEN: Tourismusverband Altenmarkt-Zauchensee, Telefon: 06452 55 11, Internet: www.altenmarkt-zauchensee.at, E-Mail: info@altenmarkt-zauchensee.at
Tourismusverband Bischofshofen, Telefon: 06462 2471, Internet: www.bischofshofen.com, E-Mail: info@bischofshofen.com
Tourismusverband St. Johann-Alpendorf, Telefon: 06412 6036, Internet: www.sanktjohann.com, E-Mail: info@sanktjohann.com
Gasteinertal Tourismus GmbH, 5630 Bad Hofgastein, Telefon: 06432 3393-0, Internet: www.gastein.com, E-Mail: info@gastein.com

Das „Schaulaufen“ der Glöckler

Die Glöckler in Ebensee zählen neuerdings sogar zum immateriellen UNESCO-Kulturerbe

Kondition ist gefragt: Allein die drei großen Glocken, die die Glöckler an einem Ledergurt um die Hüfte geschnallt haben, wiegen 10,5 Kilogramm. „Und die Kappen wiegen 7,5 Kilogramm“, sagt Eduard Promberger, der Leiter der Glöcklergruppe Alt-Ebensee. Mit diesen 18 Kilogramm Übergewicht ziehen die Glöckler in Ebensee am 5. Jänner im Laufschritt ihre Runden, von sechs Uhr abends bis ein Uhr in der Früh. Denn mit jenem Event, dem jedes Jahr bis zu 20.000 Touristen als Zuschauer beiwohnen, ist es nicht getan: Ja, zuerst ist ein Schaulaufen angesagt für die Fremden – aber dann geht es weiter durch die Straßen und zu entfernteren Häusern. „Gjaid“, sagen die Einheimischen, wenn die Glöckler durch den Ort ziehen, eine jede Gruppe zu dem Ortsteil, aus denen die Kappenträger stammen. „Man schaut, dass man auch bei diesem Lauf durch die Straßen Kreise zieht“, erklärt Eduard Promberger. Die alten Figuren, Achter, Schlingen und Spiralen, sind zwar nicht mehr üblich – aber ein Kreis muss es jedenfalls werden. Geht es doch nach überlieferter Vorstellung beim Glöcklerbrauch darum, „Hexen, Teufel und Geister zu vertreiben“, wie Promberger erklärt.

„Pass“ heißt eine Glöcklergruppe. In Ebensee und in der näheren Umgebung gibt es mehr als 20. Einige Vereine haben Glöcklergruppen gebildet, die meisten Passen setzen sich aber aus Privatpersonen zusammen. 200 bis 250 „Kappen“ kommen am Vorabend von Dreikönig in Ebensee zusammen, dazu noch eine erkleckliche Schar an Begleitpersonen.

Die Pass „Alt Ebensee“ zum Beispiel hat 29 Kappen. „Eine ungerade Zahl ist Tradition, so ist es uns gelehrt worden von den älteren Leuten.“ Dazu kommen ein Vorläufer und drei bis fünf Absammler (schließlich will man auch eine Geldspende von den Zuschauern). Dann gehört noch eine Schar von „Kappenbetreuern“ zur Gruppe. Sie sind dafür zuständig, niedergebrannte Kerzen zu tauschen oder kleinere Reparaturen an den Kappen durchzuführen. Auch Schaumgummi haben sie in ihrem Rucksack, denn der Filzhut, der in die schwere Kappe eingearbeitet ist, passt ja doch nie so ganz genau auf die Kopf-Anatomie des Trägers.

Die Kappen aus Holz und Seidenpapier, die von innen heraus so herrlich leuchten, machen Staunen: Der „Sechsspitz“ der Pass „Alt Ebensee“ ist 3,30 Meter lang und 1,80 Meter hoch. Der Sturmhut des Vorläufers ist gleich 4,50 Meter lang! Das Holzgestell wird aus südamerikanischem Leichtholz gemacht. Die Motive werden in mühevoller Kleinarbeit aus Tonpapier ausgeschnitten, gestanzt und mit buntem Seidenpapier hinterklebt. Im Inneren des Holzgerüstes werden zur Beleuchtung der Glöcklerkappen mehrere Kerzen befestigt. Der Konkurrenzkampf unter den einzelnen Glöcklergruppen ließ die Kappen in den letzten Jahren immer größer und prächtiger werden.

300 Arbeitsstunden und mehr stecken in einer Kappe. In der Pass „Alt Ebensee“ ist es Ehrensache, dass jedes Mitglied seine Kappe selbst macht.

Nichts da mit Arbeitsteilung oder Spezialisierung! „Ein jeder hat es in sich, dass er das selbst kann“, sagt der Obmann; Motivation sei alles. Die farbliche Abstimmung, die Einheitlichkeit der Motive – darauf wird natürlich besonders geachtet.

Der Glöcklerlauf ist ein Raunachtsbrauch, die Figur des Glöcklers ist eine Form von Schönpercht: Der Name „Percht“ könnte – so eine Theorie von Sprachforschern – vom althochdeutschen Wort „peraht“ abgeleitet sein. Das heißt „leuchtend“ oder „glänzend“. Die Glöckler lösen das magische Leuchten in der Nacht vor dem Dreikönigstag hundertprozentig ein.

Der heidnische Ursprung des Brauchs ist von der Kirche lange mit allergrößtem Misstrauen beobachtet, die Ausführung verboten und hart geahndet worden. „In Ebensee wurden zwei Glöckler sogar erschlagen.“ Es gebe noch Marterln (Bildstöcke) in Ebensee, die daran erinnern, berichtet Eduard Promberger. Was davon Legende ist, bleibe dahingestellt. In chronistischen Aufzeichnungen des Paters Amand Baumgarten vom Stift Kremsmünster aus dem Jahr 1860 ist von Glöcklerläufen die Rede, ab 1890 ist der Glöcklerlauf in Ebensee jedenfalls sicher belegt.

Es war also, wenn man den Erzählungen glaubt, nicht ungefährlich, Glöckler zu sein. Daher waren früher die Kappen viel kleiner, und die Glöckler hatten einen Stock dabei, um sich notfalls mit seiner Hilfe über Zäune zu katapultieren und sich so in Sicherheit zu bringen. Die Glöcklergruppen hätten, so wird erzählt, auch einen Späher vorausgeschickt. Erst wenn er „reine Luft“ signalisierte, hätten die Glöckler die zuvor mit Fetzen ausgestopften Glocken frei gemacht und blitzschnell mit dem Umzug begonnen. Der Laufschritt war wohl angezeigt ...

Eine kleine Revolution: Anfang 2010 hat erstmals eine Frauen-Pass in Ebensee ihre Runden gedreht und manchen Glöckler-Puristen nachhaltig irritiert.

WO: Im Salzkammergut in Ebensee, Gmunden, Altmünster, Traunkirchen und Bad Ischl. Auch im Bundesland Salzburg (in der Stadt Salzburg, in St. Gilgen, Strobl und Thalgau) gibt es Glöcklerläufe. Der Brauch hat sich in letzter Zeit weit verbreitet.

WANN: Der traditionelle Glöcklerlauf-Termin ist am 5. Jänner nach Einbruch der Dunkelheit. Manche Gruppe geben aber auch schon an den Abenden zuvor Gastspiele in anderen Städten und Gemeinden.

INFORMATIONEN: Tourismusbüro Ebensee, Rathaus, Hauptstraße 34, 4802 Ebensee am Traunsee, Telefon: 06133 8016, Internet: www.traunsee.at/ebensee, E-Mail: ebensee@traunsee.at
Ferienregion Traunsee Tourismusbüro Gmunden, Toscanapark 1, 4810 Gmunden, Telefon: 07612 64305, Internet: www.traunsee.at/gmunden, E-Mail: info@traunsee.at

Fromme Motive und „Igelsterne“

Auch in Stainach im Ennstal gibt es einen Glöcklerlauf mit besonders aufwendigen Kappen

Schon am Vortag kann man die Vorbereitungen beobachten: Die Stainacher Glöckler bespritzen ihre Kappen mit Wasser, lassen es gefrieren, auf dass sie dann umso effektvoller leuchten, wenn die Kerzen in den mächtigen Kopf-Aufbauten entzündet werden.

In der Steiermark ist gut erforscht, dass Bräuche nicht einfach von selbst und in grauer Vorzeit entstanden. 1904 wurde ein Glöcklerlauf in Trieben (im Paltental) von Josef Derfler, Oberförster des Stiftes Admont, veranlasst. Er ließ sich ebenso vom Glöcklerlauf in Ebensee (der Wiege der Glöckler) inspirieren wie gut drei Jahrzehnte später der in Ebensee geborene Schuldirektor Franz Zehentleitner, der den Glöcklerlauf in Stainach einführte. In den folgenden Jahrzehnten übernahmen weitere Ortschaften (St. Lorenzen, Schwarzenbach, Dietmannsdorf, Gröbming) diesen effektsicheren Brauch.

In Stainach laufen zum Traditionstermin am 5. Jänner an die 200 Teilnehmer in der klassischen Glöckler-Kostümierung – weißen Leinenhemden und Hosen – in der Dunkelheit durch den Ort. Obligat sind die am Ledergurt hängenden Kuhglocken. Die Bezeichnung „Glöckler“ kommt aber keineswegs von den Glocken: Es leitet sich von „Klöckeln“ oder „Klöpfeln“ ab, was Anklopfen bedeutet. Eine mögliche Erklärung: Das Klopfen soll das unter Schnee und Eis begrabene Korn zum Keimen ermuntern.

Zum Aberglauben des Glöcklerlaufs gehört die ungerade Zahl der Kappen ebenso wie die Überzeugung, dass jedes Motiv im Zug nur einmal vorkommen darf. In Stainach hat man das be-

sonders rigoros durchgezogen. Eine jede Glöcklerpass hat ihren speziellen Themenkreis.

Die Pass „Brauchtumsgruppe" macht den Beginn. Es ist die Gruppe mit den ältesten Kappen, die folgenden Spruch darstellen: „Sitt und Brauch der Alten wollen wir erhalten." Die folgende Pass heißt „Das kleine Kirchenjahr", und auf ihren Kappen sind Feste wie Allerheiligen, der heilige Martin, die heilige Elisabeth, Advent, die heiligen Barbara und Nikolaus und das Weihnachtsfest gezeigt. Die Pass „Das große Kirchenjahr" zeigt die Symbole von Weihnachten bis Fronleichnam, also das zentrale katholische Festgeschehen von der Menschwerdung bis zur Auferstehung und Himmelfahrt Jesu.

Es gibt Passen mit Tierkreiszeichen, mit Jahreszeiten, mit Blumenmotiven, mit Sonne, Mond und den Gestirnen, mit Wappen und mit Zunftzeichen. Auch Kinderpassen sind eingebunden, die auf ihren kleineren Kappen Märchensterne und Blumendekore tragen. Prunkstücke sind die dreidimensionalen Igelsterne mit fünf bis acht Zacken.

WO: In Stainach in steirischen Ennstal.

WANN: Am 5. Jänner um 19.30 Uhr.

INFORMATIONEN: Tourismusverband Stainach, Bahnhofstraße 155, 8950 Stainach, Telefon: 0664 390 65 44, Internet: www.stainach.at

Bessere Argumente für den „Sommer“

„Das Gollinger Perchtenspiel mit Sommer und Winter“

Der Sommer trägt einen weißen Anzug mit grüner Schärpe und einen breitkrempigen, mit Papierblumen geschmückten Strohhut. In seiner Hand trägt der Sommer einen Haselstock mit einem Fichtenbäumchen am oberen Ende. Auch das Bäumchen ist mit weißen und roten Bändern verziert. Der Winter ist in einen langen Pelzmantel gehüllt und er hat eine braune Pelzhaube. Die untere Hälfte des Gesichts wird von einem dicken naturfarbenen Schafwollschal bedeckt.

Das Streitgespräch dieser beiden Figuren steht im Mittelpunkt des Gollinger Perchtenspiels mit Sommer und Winter. Dass der Sommer Oberhand behält, ist zu erwarten, auch wenn sein Konkurrent ernst zu nehmende Argumente vorbringt.

In der Raunacht am 5. Jänner ab Einbruch der Dunkelheit werden in der Gegend um Golling die Bauernhöfe besucht. Gut 20 Leute sind unterwegs in diesem einprägsamen Zug: Frau Percht, drei Fetzenperchten, zwei Vogelperchten, Habergoaß mit Treiber, Sommer und Winter, eine Spielmusik (Blockflöten, Drehleier Trommel) und der Kraxenträger.

Still, aber in raschen Schritten nähert sich die dämonische Gruppe den Häusern, auf dem freien Platz vor dem Hauseingang nimmt man Aufstellung. Die Perchten stürmen auf die Fenster zu und klopfen mit Ihren Stöcken an Fenster und Haustüre. Die Bauersleute werden von der Gruppe begrüßt: „Glück hinein, Unglück heraus, die Percht kimmt ins Haus!“

Frau Percht ist die einzige, die das Haus betritt und – wie es dieser Figur ja überall zukommt – mit dem Reisigbesen das Unglück aus dem Haus kehrt und sich dabei vergewissert, ob auch alles sauber ist.

Draußen nehmen die Perchten, nachdem sie allerlei Unwesen getrieben (zum Beispiel die Umstehenden mit Schnee beworfen) haben, in Kreisform Aufstellung für den Tanz, der beim vierten Schlag des Trommlers beginnt. Danach kommt es zum Streitgespräch zwischen Winter und Sommer über die Wichtigkeit der jeweiligen Jahreszeit. Nach Beendigung des Spieles stellen sich die Perchten neuerlich auf und erweisen den Besuchten den Gruß. Dazu stoßen die mit Federgewändern bekleideten Vogelperchten gleichzeitig ihre mit Falknerschellen („Bellen“) verzierten Stöcke in den Boden. Eine der Fetzenperchten wirft sich in den Schnee, wälzt sich und rennt auf den Bauern zu, um diesen gegen den Uhrzeigersinn abzurubbeln. Diese Geste soll die Fruchtbarkeit des Bodens auf den Bauern übertragen. Überhaupt soll der Kontakt mit den Perchten Glück bringen.

Angeführt von Frau Percht zieht die Gruppe zum nächsten Hof weiter, während die Kraxenträger materielle Gaben erbitten.

Der Text des „Winter- und Sommerspiels" wurde in den 20er-Jahren aufgezeichnet, damals soll es in Golling noch Aufführungen gegeben haben. „Der Winter kniete vor dem Sommer, um ihm zuletzt die Hand zu reichen und ihm aufzuhelfen" – das sei, so wird gesagt, eine historisch verbürgte Szene. Seit ungefähr 15 Jahren gibt es das Spiel jetzt wieder. Der Landesverband der Salzburger Volkskultur hatte 1994 einen Wettbewerb „Lebendiges Brauchtum" ausgeschrieben, und das war die Initialzündung zur Wiederbelebung dieses Perchtenspiels. Einige ambitionierte Leute, allen voran Elisabeth Rainer, hatten schon Jahre zuvor mit dem Gedanken einer Revitalisierung gespielt. Der Trachtenverein „D'Rabenstoana" hat die Sache schließlich zielstrebig realisiert und trägt den Brauch seither.

Wie Perchten in Golling früher ausgesehen haben, weiß man: In einer Kostümbildersammlung aus der Mozartzeit ist eine Figurine abgebildet. Die Perchten tragen schöne, holzgeschnitzte Lindenholzmasken.

WO: Jährlich unterschiedliche Ortsteile im Gemeindegebiet Golling und Scheffau.

WANN: Am 5. Jänner nach Einbruch der Dunkelheit.

INFORMATIONEN: Trachtenverein „D'Rabenstoana Golling", Robert Faller 0676 82544337, robert.faller@aon.at; Martin Wieser 0664-5309494, smarticus@gmx.at Tourismusverband Golling, 5440 Golling, Telefon: 06244 43 56, Internet: www.golling.info, E-Mail: office@golling.info

Die „Indianer“ im Pinzgau

Die „Tresterer“ sind eine einzigartige Ausprägung der Schönperchten

Der Tanz der Tresterer, so schrieb ein Chronist im Jahr 1841, habe ihn „lebhaft an die Tänze der Indianer“ erinnert – die er freilich nur vom Hörensagen kannte. Aber tatsächlich: Ein Kopfschmuck mit Federn, das ist doch höchst außergewöhnlich in unseren geografischen Breiten. Die Tresterer sind eine Spielart der Schönperchten, die es ausschließlich im Salzburger Pinzgau gibt: in Zell am See, in Stuhlfelden, in einer etwas anderen Art noch in Unken. Und seit einigen Jahren existiert auch eine Tresterer-Gruppe in Bruck an der Glocknerstraße.

Was für eine Kombination aus Licht- und Schreckfiguren! Zuerst treiben die Schiachperchten Unfug. Dem macht der Hanswurst ein Ende, indem er mit der Lederwurst ein Kreuz auf dem Boden schlägt und so den Tanzplatz der Tresterer markiert. Der „Vorpercht“ gibt den Tanzschritt vor, die anderen kommen nach und nach dazu. Die roten und weißen Bänder, die auch übers

Zeller Tresterer

Gesicht hängen, wirbeln im Takt der Bewegung. Die Tresterer springen, sie machen überraschende Ausfallschritte und große, schleifende Fußbewegungen. Wie eine Kreuzung zwischen Schuhplattler und groteskem Moriskentanz sieht das aus – und so falsch liegt man gar nicht mit dieser Beschreibung.

Denn woher die Tresterer kommen, was ihr Tanzen bedeuten soll – darüber ist in letzter Zeit seriös geforscht worden. Und doch sind viele, viele Fragen noch ungelöst. Eines jedenfalls dürfte klar sein: Mit archaischen Fruchtbarkeitsritualen, mit einem Aufwecken der Saat hat die Sache herzlich wenig zu tun. In diese Richtung hat man in der Nazizeit, als viele Bräuche auf germanische Wurzeln hin untersucht und Deutungen sehr bewusst aufs Archaische hingetrimmt wurden, auch die Tresterer erklärt. Wahr ist eher: Die Tresterer sind wie andere Schönperchten auch alpenländische Imitate und Umdeutungen von italienischen Karnevalsfiguren. Die Salzburger Volkskundlerin Ulrike Kammerhofer-Aggermann erklärt, die Tresterer seien einerseits mit den italienischen Karnevalstänzern (etwa aus Bagolino) vergleichbar, aber auch mit spanischen und baskischen Moriskentänzern. Tatsächlich hatten die Tresterer vor 1900 Auftritte im Fasching. Erst seit der Wiederbelebung (ab den 60er-Jahren des 20. Jahrhunderts) ist dieser Brauch in die letzte Raunacht, also an den Vorabend von Dreikönig, gewandert. Es könnte durchaus sein, dass auch das „Schuhplatteln" auf die Tänze der Tresterer abgefärbt hat.

Nobel schauen sie jedenfalls aus, die Tresterer in Stuhlfelden und in Zell am See: in ihren roten Brokat-Anzügen mit Goldstickerei, den mit Lederriemen über die weißen Stutzen gebundenen, ebenfalls roten Lederschuhen – und natürlich mit den Hauben mit Hahnenfedern und den langen Bändern, die auch übers Gesicht hängen. In Stuhlfelden spielen zwei Klarinetten, in

Zell am See machen Schwegler (eine Art Querflöte) die Musik dazu. Einzelne Tänze finden aber auch ohne Musik statt, und dann wirkt das Geräusch der Schritte besonders archaisch.

Das Trestern, das heißt Stampfen, hat den Figuren wahrscheinlich den Namen gegeben. Die Deutung, dass die Bezeichnung vom Dreschen des Getreides herkomme, gilt in der Volkskunde als widerlegt.

Zu mancher Fehldeutung hat auch die Farbe der Bänder verleitet. Steckt hinter den roten Bändern Abwehr, hinter den weißen Reinheit? Eher, so vermuten nüchterne volkskundliche Forscher, spreche auch aus diesen Farben die Herkunft aus Italien, von Renaissancehöfen oder aus dem venezianischen Rokoko. Rot und Weiß seien seit jeher Farben, die Vornehmheit spiegeln.

„An Fried, an G'sund und an Reim" bringen sie ins Haus, sagen die Tresterer. Entsprechend gerne werden sie empfangen und auch bewirtet. Dass sie nicht zu kurz kommen, dafür sorgt beispielsweise der „Krapfenschnapper". Nomen est omen. Mehr als Seitenblicke sind die Randfiguren wert, die sich von Ort zu Ort stark unterscheiden. In Zell am See ist die Gruppe besonders figurenreich. Das Zapfenmandl und das Werchmandl gelten als Schutzgeister der Waldarbeiter beziehungsweise des Waldes. Die Hühnerpercht soll Greifvögel vom Hühnerhof fernhalten. Die Habergoaß ist auch hier eine „lustige Figur".

Ein wichtiger Mann ist der „Lapp", so etwas wie der Hofnarr im Bauernstand: Der tumbe Knecht darf ungestraft die Wahrheit sagen. Seine Gefährtin, die Lappin, ist für Kindersegen zuständig – und manche junge Frau hält sich deshalb fern von ihr!

Die Unkener Tresterer sehen etwas bürgerlicher aus als ihre Kollegen aus anderen Gemeinden: Lederhosen, weiße Hemden, ein reich verzierter Hut. Aber auch sie haben Bänder, wenn auch kürzere und nur hinten am Hut. Jedes Jahr nehmen sich die Unkener Tresterer einen anderen Ortsteil vor. Jedes Haus kommt nur alle acht Jahre dran. Ein „Pater" gehört zu den Unkener Tresterern. Er spricht den Segen über den

Unkener Tresterer

Hof und vertreibt die natürlich auch hier unverzichtbaren „Schiachperchten". Der Hanswurst trägt hier eine überdimensionale Holzschere, die er sich wohl bei den Rauriser Schnabelperchten oder anderen Perchten-Frauen ausgeborgt hat: Wer den Wandel von Brauchtum studieren will, findet in den Tresterer-Gruppen genügend Anschauungsmaterial.

WO: In Zell am See, Stuhlfelden und Unken (Salzburg).

WANN: Der klassische Tresterer-Termin ist der 5. Jänner, die Tresterer in Zell am See laufen aber auch an den drei Donnerstagen vor Weihnachten, in der Thomasnacht und am Dreikönigstag (da tanzen sie sogar auf dem Marktplatz).

INFORMATIONEN: Zell am See – Kaprun Tourismus GmbH,
Brucker Bundesstraße 1a, 5700 Zell am See, Telefon: 06542 770,
Internet: www.zellamsee-kaprun.com, E-Mail: welcome@zellamsee-kaprun.com
Mittersill plus Tourismus, Stadtplatz 1, 5730 Mittersill, Telefon: 06562 40869,
Internet: www.mittersill-tourismus.at, E-Mail: info@mittersilllplus.at
Gemeinde Unken, Niederland 147, 5091 Unken, Telefon: 06589 4202-11,
Internet: www.gemeinde-unken.at, E-Mail: gemeinde@gde-unken.salzburg.at

Mummenschanz in der letzten Raunacht

Beim „Nebelberger Raunachtsingen“ zieht ein buntscheckiges Völkchen von Haus zu Haus

Habt acht! Heut' ist d'Raunacht! Und wer nit Krapfen bacht, dem wird nöt g'sungen bei der Nacht! Der Anfang is beim ...“ Dann wird der Bauernhof beim Namen – beim Vulgonamen natürlich – genannt. Laut tönt die Stimme des „Verschreiers“. Er sitzt hoch zu Ross und wird von allerlei verkleideten Leuten begleitet: Rasierer, Scherenschleifer, Samenverkäufer. Sie treiben manchen Schabernack mit den Zusehern. Es kann schon vorkommen, dass auch Frauen unters hölzerne Rasiermesser müssen. Durch Bezahlung eines Lösegeldes können sich die Opfer aber freikaufen.

Das „Verschreien“, also das Verkündigen des Raunachtssingens, findet am Morgen des 4. Jänner statt, am Tag vor der „foast'n Raunacht“. Die Bewohner werden aufgefordert, Krapfen zu backen. Schließlich will die ausgelassene Gesellschaft, die am 5. Jänner ins Haus steht, auch etwas zum Naschen zu haben.

Spannend wird es, wenn am 5. Jänner der ganze Raunachtstross ausrückt: Den Reigen eröffnet der „Guckkastenmann“ mit allerlei Getier. Er eilt der großen Gruppe entgegen. Das eigentliche Ritual eröffnet der „Platzmacher“, der in den Bauernstuben dafür sorgt, dass genügend Platz für die Spieler ist. Dann kommen sie der Reihe nach herein: der Vorausgeher, Sterntreiber und der Lippl mit Pfeifferlbuam. Manche der Figuren haben Namen: Hans von Fesakern (ein kerniger, fester Bursch) trägt Maske und Pelzmantel, er ist ein mit Strohquasten verzierter „Wurzelstock“. Der „Korizogn“ ist ähnlich maskiert. Der Krapfentrager (mit Stock und Buckelkorb) und der Fleischnazl werden von Soldaten begleitet. In den mit monotoner Stimme vorgetragenen „G'setzeln“ geht es sehr oft um Krapfen, Fleisch oder um das Essen ganz allgemein.

Die Figuren gehen nacheinander mit langen Schritten in der Stube auf und ab, erklären ihre Maske, kündigen die jeweils folgende Gestalt an und stellen sich dann in Habtachtstellung seitlich auf. Schließlich wird gemeinsam das eigentliche Raunachtlied gesungen, das den Hausbewohnern Glück verheißt. Was der singenden Gesellschaft äußerst wichtig ist: „Und wenn man aufs Jahr toan wiederkema, dann müaßt's ins halt wieda an Krapfn schenka!“ – allerdings findet das Raunachtsingen nach altem Brauch in Nebelberg nur alle zehn Jahre statt.

Eine lustige Szene ist das „Zusammengeben“ eines Brautpaares durch den „Schulmeister“, der seine blumige Ausdrucksweise immer wieder ändert und den Hausleuten anpasst: Seine Verse sind immer für kleine Bosheiten und Überraschungen gut. Der Lohn der Spieler besteht aus Krapfen und Fleisch, vor allem aber aus Trinkgeld.

Nachdem die Sänger und ihr Gefolge die Stube verlassen haben, kommen die „Zitherer“ herein, die mit einigen „G'stanzln“ die Hausgemeinschaft belustigen und dafür ebenfalls entlohnt sein wollen. Unterdessen treiben böse Gestalten, Hexen, Rastelbinder, der Teufel und das Teufelsweib sowie das „Harfennandl“ (eine ungestüme, „schiache“ Frau) auf den Straßen ihr Unwesen und tragen so zur guten Stimmung unter dem zahlreichen Publikum bei.

Das Raunachtsingen in der Mühlviertler Gemeinde Nebelberg hat seinen Ursprung im österreichisch-bayrischen Grenzraum und soll bis in das 17. Jahrhundert zurückreichen. 1929 wurde es in einer volkskundlichen Zeitschrift das erste Mal ausführlich beschrieben, als „Nebelberger Raunachtsspiel“. Der Brauch wurde nur im nordwestlichen Gebiet des Bezirkes Rohrbach geübt. Der Bauer Michael Höfler hat sich nach dem Zweiten Weltkrieg um die Wiederbelebung des Raunachtsingens in den Dörfern Haselbach, Lamprechtswiesen und Schöffgattern verdient gemacht.

Über den Sinn des Treibens gehen die Meinungen auseinander. Altes heidnisches Brauchtum wollen einige erkennen, mit dem Dämonen und

böse Geister von den Dörfern ferngehalten werden sollen. Eine andere, weniger mythische, dafür umso glaubhaftere Erklärung geht dahin, dass der Raunachtsumtrieb willkommenen Anlass gab, den Speisezettel für das früher ärmliche, bäuerliche Hilfspersonal aufzubessern.

Tradition ist jedenfalls, dass ausschließlich Männer und Burschen mittun. Auch in den Frauenlarven stecken also Mannsbilder.

An dem personenreichen Aufzug – rund 40 Leute sind als Akteure beteiligt – kann man jedenfalls gut ablesen, wie alter Winterbrauch und Mummenschanz ineinanderfließen. Die Grenze zum Faschingsbrauch ist hier nicht mehr so ohne Weiteres zu ziehen, aber natürlich steckt die Idee des Hausbesuchs zum Ende der „Zwölften", also in der letzten Raunacht, dahinter.

WO: In den Gemeinden Nebelberg und Julbach (Oberösterreich).

WANN: Alle zehn Jahre am 5. Jänner.

INFORMATIONEN: Gemeinde Nebelberg, 4154 Nebelberg 50, Telefon: 07287 7640, Internet: www.nebelberg.ooe.gv.at, E-Mail: gemeinde@nebelberg.ooe.gv.at
Gemeinde Julbach, Schulstraße 4, 4162 Julbach, Telefon: 07288 8155,
Internet: www.julbach.ooe.gv.at, E-Mail: gemeinde@julbach.ooe.gv.at

Rauchfangkehrer und Teufel im Zweikampf

Die Innviertler „Maschkerer“

Wahrscheinlich bedeutet es gleich doppeltes Glück, wenn der Rauchfangkehrer nicht bloß normal auf Besuch kommt, sondern gleich mit der Tür ins Haus fällt. Er purzelt herein, in heftigem Handgemenge mit dem Teufel, der das Glück nicht so ohne Weiteres ins Haus lassen will. Wenn die Maschkerer kommen, geht es zuerst einmal recht turbulent zu, denn Glücksbringer und Glücks-Verhinderer (der Teufel ist mit einer großen Scherenzange ausgerüstet) haben schließlich ein Hühnchen miteinander zu rupfen. Der Kasperl, die dritte Figur, treibt die beiden mit der Peitsche vehement auseinander.

Nun wird es friedlicher: Die Spielleute kommen herein (ein Ziehharmonikaspieler und eine Blechmusikgruppe) und drei Tanzpaare drehen sich im Walzertakt. Ihre Trachtengewänder sind mit weißen Sternen geschmückt. Einer in dem bunten Völkchen ist als Gendarm verkleidet – „Schandinger“ im Innviertler Dialekt: Er bringt manche Beschuldigung vor gegen den Hausherrn. Ein „Finanzer“ ist mit von der Partie, und der muss vor allem den Schnaps

probieren und kontrollieren, ob im Haus womöglich unerlaubt Hochprozentiges gebrannt worden ist. Der Herr im Zylinder führt genau Buch. Ein Doktor weiß manche absurde Krankheit zu diagnostizieren. Ein alter Mann und ein altes Weib zetern laut, der Heiratsvermittler und der Guckkastentrager, der Schleifer mit der Kraxen und der Kramer mit dem Bauchladen: Sie alle sind emsig bei der Sache. Ein Jäger taucht auf und ein wildes Tier mit Bändiger. Sie versuchen, ein jeder auf seine Weise, ihre Dienste anzubieten und dafür Geld zu kassieren.

Am Tag vor der letzten Raunacht, am 5. Jänner, ziehen diese maskierten Gruppen in den Weilern um Maria Schmolln im Innviertel von Haus zu Haus. Um fünf Uhr früh, so erzählt Josef Buchecker von der der Zeche Schweigertsreith, brechen die gut 20 Leute auf, und bestimmt bis zehn Uhr abends sind sie unterwegs: 15 bis 20 Kilometer legen sie zurück an dem Tag, und in 60, 70 Häusern ziehen die Maschkerer ihr frivoles Spektakel ab.

Maschkerer – da steckt wahrscheinlich das Wort Maske drin. Manche sagen aber auch „Matschkerer". Könnte es auch etwas mit „matschkern", mit den ironischen Bemerkungen über die Hausleute zu tun haben? Es ist jedenfalls ein Heischebrauch, bei dem sich Elemente des Neujahrswünschens und des beginnenden Faschings vermengt haben. Ein Kunterbunt von Figuren ist daraus geworden.

Die Maschkerer waren noch bis nach dem Zweiten Weltkrieg überall dort im Innviertel zu finden, wo es „Zechen" (Kameradschaftsbünde) gab. In Schweigertsreith und Michelbach ist das Maschkerergehen angeblich seit mehr als 200 Jahren üblich und immer noch der jährliche Brauch. Gruppen von Jugendlichen sind in den letzten Jahren neu hinzugekommen. „Bei einem Haus können schon vier bis fünf Passen vorbeikommen", weiß Josef Buchecker. Ein turbulenter Tag für die Bewohner der Gegend!

Einem guten Schluck waren die Maschkerer noch nie abgeneigt und mit Geldspenden rechnen sie natürlich. Zuletzt erklingt eine Polka und der Kasperl mit seiner spitzen Kegelmütze sorgt dafür, dass die Gesellschaft hinaustanzt. Nur der Teufel, der hat sich unterdessen versteckt. Er will nicht raus, und der Kasperl muss ihm eine extra Abreibung verpassen.

WO: In den Gemeinden um Maria Schmolln im Innviertel (Oberösterreich).

WANN: Am 5. Jänner, von den frühen Morgenstunden bis in den späten Abend.

INFORMATIONEN: Gemeinde Maria Schmolln, Telefon: 07743 22 552,
E-Mail: gemeinde@maria-schmolln.ooe.gv.at, Internet: www.maria-schmolln.at

Sie folgen vielen Sternen

Seit über 50 Jahren: Die Sternsingeraktion der Katholischen Jungschar

C+M+B“ und die Jahreszahl schreiben sie an die Tür oder den Türstock, und immer wieder kann man die Erklärung hören, es seien die Abkürzungen der Namen Caspar, Melchior und Balthasar. Tatsächlich ist es ein lateinischer Segensspruch: „Christus mansionem benedicat“, „Christus segne dieses Haus“.

Es ist einer der populärsten Weihnachtsbräuche und auf jeden Fall der bei Weitem ertragreichste: 14,48 Millionen Euro haben die Sternsinger in den Tagen vor dem 6. Jänner 2010 gesammelt! Nur ein einziges Mal, gleich nach der Tsunami-Katastrophe, war der Spendenerlös ähnlich hoch.

Auf Anregung der MIVA (Missions-Verkehrs-Arbeitsgemeinschaft) hat die Katholische Jungschar im Jahre 1955 das Sternsingen aufgegriffen, um „ein Motorrad für die Mission“ zu finanzieren. Der Erfolg war unerwartet groß: 449 Pfarren aus ganz Österreich beteiligten sich und mit dem ersungenen Geld (in Salzburg waren es 428,– Schilling) konnten neben dem Motorrad noch zwei weitere Fahrzeuge finanziert werden. Aus den bescheidenen Anfängen ist eine starke Aktion geworden, von der Katholischen Jungschar auf Pfarrbasis organisiert. 98 Prozent aller österreichischen Pfarren schicken Gruppen aus. Rund 85.000 Kinder und 30.000 Jugendliche und Erwachsene sind im Jahr 2010 unterwegs.

Die Gelder der Sternsingeraktion gehen seit jeher in die Dritte Welt, über eine Million Not leidender Menschen in Entwicklungsländern wird unterstützt. Seit 1955 konnten über 210 Millionen Euro für Menschen in Not gesammelt werden. Zuletzt wurden über 500 Hilfsprojekte in Afrika, Lateinamerika und Asien aus Geldern der Sternsingeraktion getragen oder unterstützt.

Die Verwendung der Gelder wird sowohl von der Österreichischen

Bischofskonferenz als auch von einem unabhängigen beeideten Wirtschaftsprüfer kontrolliert. Die Dreikönigsaktion der Katholischen Jungschar war auch eine der ersten Organisationen, die das Spendegütesiegel (2001) erhielt. Diese Auszeichnung bedeutet, dass Transparenz und objektive Sicherheit im Umgang mit den Spendengeldern gewährleistet sind.

Die Verantwortlichen für die Dreikönigsaktion der Katholischen Jungschar betonen, dass die Beteiligten eines Projektes nicht „Objekte für Hilfe, sondern Dialogpartner einer Zusammenarbeit" sind. „Die Projektzusammenarbeit mit den Partnern in Afrika, Asien, Lateinamerika und Ozeanien soll einen Beitrag zur glaubwürdigen, ganzheitlichen Verkündigung und zur weltweiten Solidarität leisten." Deshalb werden die Projekte von zuverlässigen Partnern vor Ort geplant und durchgeführt.

Und die Geschichte? Von „Magiern aus dem Morgenland" ist in der Bibel die Rede, wahrscheinlich waren es Sterndeuter am Hof in Mesopotamien, die nach ihren astronomischen Berechnungen ein großes Heilsereignis erwarteten. Daher folgten sie dem Stern bis zu dem Stall, in dem Jesus geboren wurde. Ihre Gaben zählten damals zu den kostbarsten Handelsgütern. Weihrauch und Myrrhe sind wohlriechende Harze, die im Orient bei kultischen Handlungen verwendet wurden. Der aufsteigende Rauch symbolisierte die Gebete zu den Göttern.

Caspar („Schatzmeister"), Melchior („Mein König ist Licht") und Balthasar („Schütze sein Leben") wurden erst im 5. Jahrhundert durch die Überlieferung zu den „Heiligen Drei Königen". Jeder von ihnen stand für einen der damals bekannten Erdteile (Afrika, Asien und Europa) beziehungsweise für das Jünglings-, Mannes- und Greisenalter.

Die Heiligen Drei Könige hatten in der Volksfrömmigkeit des Mittelalters eine große Bedeutung. Ihrer langen beschwerlichen Reise wegen wurden sie auch als Schutzpatrone der Reisenden verehrt. Der Dreikönigssegen galt als Schutz gegen „Zauberey", geweihtes Dreikönigswasser wurde gegen Krankheiten verabreicht und auf die Felder gesprengt. Heute noch wird beim Besuch von Caspar, Melchior und Balthasar von Bauern besonders gerne gesehen, wenn die Könige ihren Weg über die Felder nehmen. Seit alters her heißt es nämlich, dass jene Felder, über die die Sternsinger gehen, doppelte Ernte tragen.

Als im 15. Jahrhundert die Verehrung der Heiligen Drei Könige ihren Höhepunkt erreicht hatte, begannen die bis dahin sehr verbreiteten Neujahrssinger in die Rollen von Caspar, Melchior und Balthasar zu schlüpfen. Das Sternsingen diente bereits damals dazu, die Not der Menschen zu lindern. Die eigene Not zuerst: So suchten 1569 vier Schiffsleute aus Laufen/Salzach um die Erlaubnis zum Sternsingen an, „damit sy sich auch diesen wintter hinumb sambt Ihren weibern und armen unerzogenen khindlein desto leichter

erhalten mechten“. Für „Saisonarbeiter“ (etwa jene Schiffsleute, die das Salz auf dem Flussweg zu den Handelsstätten transportierten) war die Sternsingerei ein wichtiger Sozialbrauch.

Etwa um dieselbe Zeit ist ein Disput aus kirchlichen Kreisen in Sachen Sternsingerei überliefert: Die Innsbrucker Dom-Singschüler gingen damals Sternsingen, und sie waren auf das ersungene Geld angewiesen. Aber es floss plötzlich spärlicher, weil „seit wenig Jaren der erwürdigen Herren Jesuiter Schueler sich unterstanden haben, auch ein Stern zu erdenken und vor denen auf der Singschul damit herumzusingen und also ihnen, Singschuelern, das Prot vor dem Mund abzuschneiden …“ Gegen diese „Schmarotzerey“ setzte man sich vehement zur Wehr.

Einen gewissen Brotneid unter Sternsingern gab es früher durchaus. Und auch heute kann man in Regionen, in denen das Sternsingen eine eigenständige Brauchtumstradition hat (etwa in Kärnten), durchaus Vorbehalte gegen den von der Katholischen Jungschar flächendeckend organisierten Brauch hören.

In Wien ist das Sternsingen übrigens nicht von der Katholischen Jungschar eingeführt worden. 1946 ging der Wiener Beamte Franz Pollheimer (1900–1986) mit seinen Kindern in der Pfarre Maria Treu Sternsingen. Das hat damals Aufsehen erregt, und so zog man einige Jahre später schon in umgearbeiteten Kostümen vom ehemaligen k. u. k. Carl-Theater von der Oper durch die Kärntner Straße zum Stephansdom. 1954 sind für diesen Dreikönigsumzug 7000 Zuschauer verbürgt.

WO: Überall in Österreich, im städtischen genauso wie im ländlichen Bereich.

WANN: Nach Weihnachten bis zum Dreikönigstag sind die Sternsingergruppen jeweils in ihrem Pfarrbereich unterwegs und läuten an die Tür. Die Pfarrgottesdienste am Dreikönigstag, dem 6. Jänner, werden meist von den Sternsingern gestaltet.

INFORMATIONEN: Internet: www.sternsingen.at, www.dka.at, E-Mail: office@dka.at. Man muss übrigens nicht auf den Besuch der Heiligen Drei Könige warten, sondern kann auch direkt spenden. Kontonummer: 130-211100, BIC BTVAAT22, IBAN AT791630000130211100, BLZ 16300, Bank für Tirol und Vorarlberg. Empfänger ist die Katholische Jungschar Österreichs, Dreikönigsaktion.

Die Könige als Doppelquartett

Nach Gmunden reisen die Weisen aus dem Morgenland per Traunsee-Schiff an

Die Legende erzählt, dass die Heiligen Drei Könige die Traun abwärts zogen und bei Ebensee an den Traunsee kamen. Von dort ließen sie sich per Plätte nach Gmunden bringen, wo sie am Rinderholzbrunnen Rast machten. – Wie es zu dieser Legende kommt, das weiß nicht einmal der ehemalige und langjährige Gmundner Stadtpfarrer Kanonikus Johann Schicklberger zu sagen. Eine Geschichte eben. Der frommen Sage verdankt Gmunden den berühmten Dreikönigsaltar in der Stadtpfarrkirche, ein 1678 geschaffenes Schnitzwerk von dem oberösterreichischen Barockbildhauer Thomas Schwanthaler (1634–1707).

Die Legende wird bis heute durch einen in Österreich einmaligen Brauch wach gehalten: In Gmunden kommen die Heiligen Drei Könige am 5. Jänner per Schiff. Seit 1947 hält man das so. Früher war eine Plätte üblich, unterdessen benutzt man ein Ausflugsschiff, aber immerhin: Es hat Stil. Die Drei Könige sind in prunkvolle Gewänder gekleidet. „Das sind Kostüme, auf die wir sehr aufpassen", betont Markus Wiesenberger vom Doppelquartett Edelweiß. Schließlich seien die Dreikönigskostüme schon gut 30 Jahre alt. Ein Sternträger schreitet voran, und die anderen Mitglieder des Doppelquartetts gehen, ebenfalls kostümiert, als Gesinde der Könige mit.

Ein repräsentativer Auftritt also, wenn die Könige erst eine Runde auf dem Stadtplatz drehen, dann ins Rathaus einziehen und schließlich vom Balkon aus etwa zehn Minuten lang Weihnachts- und Dreikönigslieder singen, umrahmt von den Turmbläsern. Danach – eine interessante, aber nicht unlogische Brauch-Kombination – laufen die Glöckler ein: Lichtstern-Gestalten unter sich ... Die Gmundner Glöckler, jedes Jahr 10 bis 15 Passen, tragen schlichtere Kappen als manche Kollegen in Ebensee. Bei den Gmundner Glöcklern ist eher die normale Spitzkappe üblich.

„Wir haben 30 traditionelle Weihnachtslieder aus der Region im Repertoire", erklärt Markus Wiesenberger, „Lieder, von denen die Jüngeren 20 wahrscheinlich gar nicht mehr kennen." So viele Lieder kann die Sängergruppe auch gut gebrauchen, denn die Gmundner Dreikönige sind ja auch sonst unterwegs: „Am 2., 3., 5. und 6. Jänner gehen wir Sternsingen. Bei rund 25 Hausbesuchen täglich (mit jeweils drei bis fünf Liedern) tut Abwechslung schon Not, „um den Brauch lebendig zu verkörpern", versichert der Leiter des Doppelquartetts.

Natürlich gehen auch in Gmunden die Sternsinger der Katholischen Jungschar um – sie haben ihren Gottesdienst am 6. Jänner Vormittags. Worauf die echten Gmundner Dreikönige Wert legen: „Das von uns gesammelte Geld bleibt bei uns in der Region", es kommt Kindern zugute, die in Not sind (Waisen, Kranken, Behinderten).

Übrigens: Über das berühmteste Ausstattungsstück der Gmundner Stadtpfarrkirche, den Dreikönigsaltar (ein Vorbild für viele Salzkammergut-Krippen), kann man überall lesen, er sei der einzige den Königen gewidmete in Österreich. Das ist Legende wie die ominöse Wasserreise der drei Weisen über den Traunsee. In Lunz am See im niederösterreichischen Mostviertel gibt es auch einen Dreikönigsaltar. Und dem Dreikönigsaltar zum Trotz ist die Stadtpfarrkirche in Gmunden der Maria Himmelfahrt geweiht. „Aber das wollen die Gmundener nicht hören, ihnen sind die Drei Könige lieber", sagt Kanonikus Schicklberger schmunzelnd.

WO: In Gmunden (Oberösterreich).

WANN: Am 5. Jänner um 18.30 Uhr landen die Drei Könige am Traunseeufer. Am 6. Jänner singen sie traditionellerweise um 10.30 Uhr im Seeschloss Ort, um 16 Uhr bei der Krippenausstellung im Kammerhof (Stadtmuseum) und um 18 Uhr bei der Abendmesse in der Stadtpfarrkirche.

INFORMATIONEN: Ferienregion Traunsee Tourismusbüro Gmunden, Toscanapark 1, 4810 Gmunden, Telefon: 07612 64305, Internet: www.traunsee.at/gmunden, E-Mail: info@traunsee.at

Orient im Tiroler Winter

Das „Silzer Dreikönigsspiel" – Eine Dorfgemeinschaft wird zur Schauspielertruppe

Da staunten die Zuseher des „Silzer Dreikönigsspiels" nicht schlecht, als König Caspar auf einem Kamel eingeritten ist. Das adelt den Mohrenkönig! Ein Zirkusunternehmen hatte Pleite gemacht, Josef Sonnweber, der Autor und Initiator des geistlichen Spiels auf dem Schulplatz, hatte erfahren, wo die Tiere gelandet sind – und so kam es zum Auftritt des im Tiroler Winter fürwahr exotisch anmutenden vierbeinigen Gasts. Esel, Pferde und Schafe sind ja ohne Weiteres hauseigen zu besetzen.

Wie kommt es zu einem Dreikönigsspiel in dieser Form in der Gemeinde? Aus dem 17. Jahrhundert, zum Beispiel aus dem Jahr 1629, sind Passions- und Mysterienspiele in Silz bekundet – vier Jahre früher als in Oberammergau. Im frühen 19. Jahrhundert wurde die Tradition, in der kleinen Gemeinde am Inn Geschichten aus der Bibel als eine Art Volksschauspiel aufzuführen, das letzte Mal erwähnt.

Geistliche Spiele haben eine lange Tradition in Tirol: Der älteste Text stammt von 1340 aus dem Südtiroler Innichen. Auch in Neustift und Sterzing sind mittelalterliche Texte solcher Spiele überliefert, 1430 ist für Hall das erste Passionsspiel in Nordtirol dokumentiert. Mit der Aufklärung ist natürlich auch hier das meiste verloren gegangen.

Josef Sonnweber, einem in kulturellen Belangen in der Gemeinde sehr aktiven Menschen, war es ein Anliegen, den dörflichen Zusammenhalt zu stärken: „Ich habe eine Marktlücke gesucht." Im Dreikönigsfest hat Sonnweber, im bürgerlichen Leben Gerichtsbeamter, diese Lücke gefunden. „Es war mir wichtig, in der heutigen Zeit Menschen in ein religiöses Spiel einzubinden", sagt Sonnweber. Der Versuch war von Erfolg gekrönt: Zuletzt hatte das Dreikönigsspiel 120 Mitwirkende, 20 davon Rollenträger mit Text. „Aus allen politischen Lagern, von allen Vereinen kommen die Mitwirkenden", freut sich der Initiator. Den Text hat Sonnweber auf der Basis eines Dreikönigsspiels aus dem 19. Jahrhundert selbst geschrieben und dem ehemaligen Intendanten des Tiroler Landestheaters, Helmut Wlasak, zum Lesen gegeben. Der erfahrene Theatermann hat ihn für gut und aufführenswert befunden.

Im Dreijahres-Rhythmus findet das Silzer Dreikönigsspiel statt, das nächste Mal 2012. Dann werden also wieder die Kulissen aufgebaut, denn der geräumige Schulplatz – der zu der Gelegenheit in ein Tiroler Jerusalem verwandelt wird – macht es möglich, dass die Könige tatsächlich aus verschiedenen Himmelsrichtungen und durch verschiedene Stadttore einreiten. Zuvor ein

paar pastorale Szenen mit Hirten, aber dann geht es bald wirklich um die Heiligen Drei Könige. Herodes versichert den Kollegen aus dem Morgenland, sie bei der Suche nach dem neugeborenen König zu unterstützen. Von den Schriftgelehrten erfährt Herodes, dass in den Schriften dem Volke Juda ein neuer König verheißen ist.

Das ist der Moment, in dem der Teufel seinen Auftritt hat. Es braucht nicht viel diabolische Überredungskunst, um Herodes auf seine Seite zu ziehen. Das Spiel folgt der biblischen Überlieferung: Herodes bittet die Könige, ihn vom Auffinden des Kindes zu benachrichtigen, damit auch er hingehen und es anbeten könnte. Nachdem die Könige schließlich in der Krippe dem Kind gehuldigt und ihm ihre Geschenke dargebracht haben, erscheint ein Engel und erklärt ihnen die wahren Absichten des Königs. Sie werden also auf anderem Weg heimreisen. Mit einem feierlichen „Gloria in excelsis Deo" endet das Spiel.

WO: Auf dem Schulplatz der Gemeinde Silz (Tirol).

WANN: Im Dreijahresrhythmus, das nächste Mal 2012 an drei aufeinanderfolgenden Tagen um Dreikönig.

INFORMATIONEN: Josef Sonnweber, Oskar-Tamerl-Weg 12, 6424 Silz, Telefon: 0664 1869146, Internet: www.silzerdreikoenigsspiel.at, E-Mail: j.sonnweber@gmx.at

„Dass Du die Sternsinger wieder hörst …“

Die „längste Nacht von Heiligenblut“ – Die Sänger folgen einem Stern, der sich dreht

Kein Haus darf ausgelassen werden, das ist der alte Brauch. Für die Sternsinger und für die von ihnen Besuchten heißt das: Lange wach bleiben in der Nacht von 5. auf 6. Jänner – oder, wenn der Besuch gar schon am frühen Morgen stattfindet – hurtig aus dem Bett, um den gerne gesehenen Gästen die Tür zu öffnen …

Das Sternsingen in Heiligenblut ist einer der schlichtesten, vielleicht urtümlichsten Dreikönigsbräuche in Österreich. Acht Rotten (Gruppen) sind es, die das geweihte Licht der Weihnachtskrippe in der gotischen Kirche vom Pfarrer in Empfang nehmen und in alle Häuser, selbst bis zu den entlegenen Bergbauernhöfen bringen. Kurz vor 16 Uhr treffen die Sternsingergruppen zusammen, alte ebenso wie junge Menschen. Die Rotten ziehen hinter ihrem Sternträger feierlich in die Kirche ein und stellen sich zur Aussegnung in einem Kreis um den Altar auf. Zu den Liedern der Sternsinger werden schon die Sterne gedreht.

„Bräuche mit edlen Grundgedanken lassen sich nicht kommandieren, lassen sich nicht arrangieren“, erklärt Bernhard Pichler vom Tourismusverband, der in dieser Nacht selbst als Sternsinger unterwegs ist. „Das mag vielleicht der Grund dafür sein, dass sich gerade dieser Brauch jahrhundertelang unverändert erhalten hat.“ In schlichter Kleidung, nur mit dem beleuchteten Stern als Attribut, zieht man von Hof zu Hof. Stundenlang also stapfen die Sternsinger in dieser Nacht durch den tief verschneiten Ort. Die „längste Nacht von Heiligenblut“, sagen die Einheimischen. Überall erwartet man sie.

Die Rotten sind nicht in spezielle Tracht gekleidet, aber doch einheitlich gewandet. Manche Gruppen tragen Lodenmäntel, Filzhüte, lange Stöcke und

WO: In der Glocknergemeinde Heiligenblut (Kärnten).

WANN: In der Nacht von 5. auf 6. Jänner.

INFORMATIONEN: Tourismusverband Heiligenblut, Hof 4, 9844 Heiligenblut, Telefon: 04824 2001, Internet: www.heiligenblut.at, E-Mail: office@heiligenblut.at

Laternen. Eine Rotte besteht aus etwa einem Dutzend Sängern, fünf Musikanten und einem Sternträger. Er trägt einen kunstvoll bemalten, von innen beleuchteten Stern, der mit einer Schnur in Bewegung gehalten wird. Dank sei dem Akku, mit Kerzen braucht man sich nicht mehr herumzuschlagen.

Die Bläsergruppe kündigt den Hausbewohnern ihr Kommen an. Im Halbkreis stellen sich die Männer auf, die Laternen haben sie vor sich abgestellt. Viele Strophen hat das Lied, das den Bewohnern die Heilsgeschichte in Reimen verkündet. Dazu wird der Stern gedreht. Die Lieder für diese Nacht wurden einst von Mund zu Mund weitergegeben, erst in neuerer Zeit hat man sie aufgezeichnet. An die 200 Sternsingerlieder sind bekannt!

Vor einigen wenigen Häusern steht sogar noch die sogenannte „Weihnachtstachse“: Das ist eine bis zum Wipfel entschälte und entästete Fichte, von deren mittelhochdeutschem Namen „dehse“ sich die heutige Bezeichnung ableitet. Nur der Wipfel ist mit bunten Papierbändern geschmückt.

Anschließend werden die Sternsinger zu Speis und Trank ins Haus eingelassen – und auch da wird gesungen und gespielt. Es gibt Süßigkeiten für sie. Mit den Worten „Recht schean dank und die Alten bleib'n“ verabschiedet sich der Rottenführer und die Hausleute antworten: „Recht schean dank und wieda so guat sein.“ Erst in den Morgenstunden kehren die Sänger heim.

In welch hohem Maße die Rotten mit der Laterne, der Musik und dem Stern von der Bevölkerung geschätzt werden, wie sehr der Brauch des Sternsingens in den Herzen der Bewohner Heiligenbluts verankert ist, beweist der Neujahrswunsch wohl am deutlichsten. Während man sich anderswo „Prosit Neujahr“ zuruft, heißt es in Heiligenblut: „Und dass du die Sternsinger wieder hörst!“

Wenn Könige einander zu nahe kommen

„Kaleda", das ist der Sternsingerbrauch der Kärntner Slowenen

Bei uns machen das nur die Erwachsenen", entgegnet Josef Zankl mit Bestimmtheit auf die Frage, ob nicht auch in seiner Gegend das Sternsingen eine Sache der Jugendlichen, der Mitglieder der Katholischen Jungschar sei. Hier – „sonnseitig im Gailtal", wie Zankl es formuliert – ist das Kaleda-Singen üblich. Betont auf der zweiten Silbe. Es findet auch nicht am Dreikönigstag selbst statt, sondern am Abend bis in die späten Nachtstunden des 5. Jänner.

Kaleda heißen die Sternsingerlieder, die sich selbst in eng benachbart liegenden Dörfern voneinander unterscheiden, so wie die Gepflogenheiten beim Kaleda-Singen selbst. Tatsache jedenfalls: Drei Männer sind unterwegs in ihren Drei-Königs-Gewändern, sie tragen mancherorts holzgeschnitzte Kronen. Eine Gruppe von Sängern ist auch dabei, und die „Čmreda", die Sternträgerin. „Die ist ein bisserl boshaft", verrät Josef Zankl. „Früher hat man vor ihr Gegenstände verstecken müssen, sonst waren sie plötzlich weg". So war und ist es jedenfalls hier in Mellweg. In Egg, Köstendorf, St. Stefan, Förolach oder Nötsch, den umliegenden Kleingemeinden, und erst recht am gegenüberliegenden Ufer der Gail kann es schon wieder ganz anders sein. Hier kann ein Weibl mit Korb mitgehen, dort eine Percht, „und wieder ein Stück weiter eine Hexe", sagt Wolfgang Lex. Auch er ist einer, der von Jugend an vertraut ist mit dem Kaleda-Singen in dieser Region mit slowenisch/deutschsprachig gemischter Bevölkerung.

Ein klassischer Heischebrauch ist es: „Früher hat man drei Sachen geben müssen", weiß einer, „Brot, Hauswürstel, Fleisch – und das ist in einem Sack gesammelt worden." Am selben Abend noch hat man die Gaben (ähnlich wie beim Schappen in der Woche zuvor) im Gasthof am Ort zubereiten und es sich gut gehen lassen. Und oft genug gab's ja einen guten Schluck beim Kaleda-Singen: „Da einen Schnaps, dort einen Most", plaudert Josef Zankl aus der Schule. „Der Anfang ist recht gespannt, und dann wird's immer lustiger." Und Zankl lacht verschmitzt: „Ein uralter Brauch wird ganz einfach versoffen."

Ganz unheilig auch, was da aus früheren Zeiten von den Drei Königen erzählt wird: „Wenn sich zwei Gruppen getroffen haben, dann kam's zu einer Rauferei!" Aber das war früher. Gott sei Dank.

WO: Ein Hausbrauch in den vielen Gemeinden im unteren Gailtal (Kärnten).

WANN: Am Vorabend von Dreikönig (5. Jänner).

Ein Prost auf Sebastian

Ein guter Schluck im Gedenken an einen doch nicht unverwundbaren Heiligen

Im Gegensatz zu manchen Schaubräuchen, für die sich örtliche Vereine gerne einsetzen und für deren Pflege oder gar Wiederbelebung sich aus nahe liegenden Gründen auch die Tourismusorganisationen stark machen, hat es manch intimer Hausbrauch viel schwerer zu überleben. Das Gesundheits-Schnapserl am Tag des heiligen Sebastian, am 20. Jänner, ist eine solche Gepflogenheit, die allmählich aus dem Bewusstsein verschwindet. Der Heiligenkalender hat eben nur mehr für die wenigsten Menschen wirklich Bedeutung.

Dabei war Sebastian früher ein wirklich volkstümlicher und entsprechend oft dargestellter Heiliger. An einen Baum oder an eine Säule gekettet, übersät mit Pfeilen – man erkennt ihn leicht auf Bildern und auf Altären. Die Pfeile, mit denen der römische Kaiser Diokletian den Offizier ob dessen schier nicht einzubremsenden Missionseifers hat beschießen lassen, haben diesen nicht umgebracht. Der Legende nach dachten die Schützen, Sebastian sei tot, nachdem er blutüberströmt und bewusstlos dalag. Ein Irrtum, wie jene fromme Witwe erkannte, die ihn beerdigen wollte. Sie pflegte ihn gesund. Sebastian hatte, wieder zu Kräften gekommen, nichts Besseres zu tun, als zu Diokletian zu eilen und ihm Vorwürfe zu machen, worauf ihn der Kaiser erschlagen ließ. Diesmal mit Erfolg. Aus Sebastian wurde doch noch ein Märtyrer.

Zwei Gründe gibt es fürs Gesundheits-Patrozinium des Sebastian: Erstens die Sache mit den Pfeilen. Und zweitens: Man stellte sich die Pest als von Pestengeln mit Pfeilen übertragen vor – also: blitzschnell und unerwartet. So wurde Sebastian zum Fürbitter speziell auch gegen Seuchen wie die Pest erkoren.

Klar, dass Schützenvereine den Pfeil-Heiligen zu ihrem Patron gemacht haben (in Hall in Tirol gibt es ein „Sebastianischießen"). Kurioserweise auch die Bürstenbinder, wegen der abstehenden „Borsten". In Telfs (Tirol) gibt es eine Sebastiansprozession – eine der größten kirchlichen Prozessionen in Tirol überhaupt. „Außer zur Christmette gehen hier nie so viele Leute zur Kirche wie aus diesem Anlass", sagt ein Bewohner des Ortes. Fahnen und Statuen werden zu dieser Prozession mitgetragen, wie es in Tirol zu solchen Kirchenfesten üblich ist.

Uns interessiert hier aber mehr der private Gesundheitsaspekt: Im familiären Kreis wird da und dort noch angestoßen auf Sebastian, und das ist eine symbolhafte Handlung, mit der man einander Gesundheit wünscht. Traditionellerweise mit dem edelsten Tropfen. Man sollte es auch im Zeitalter bester medizinischer Versorgung nicht unterlassen.

WO: Im familiären Kreis.

WANN: Am 20. Jänner, dem Gedenktag des heiligen Sebastian.

Ein gutes Stück Musikgeschichte

Das „Lichtmess-Singen“ in St. Lorenzen –
Hausbesuche von Dreikönig bis Maria Lichtmess

Als 20-Jährige bin ich in den Kreis der Lichtmess-Sänger gekommen. Es hat mir unendlich viel gegeben, wie wir aufgenommen worden sind.“ Das sagt Johanna Huber, Leiterin des Kirchenchores von St. Lorenzen im Mürztal. Ihr Chor und eine Reihe weiterer treuer Sängerinnen und Sänger halten einen Brauch lebendig, den es hier seit über 400 Jahren gibt: das Lichtmess-Singen.

„Gelobt sei Jesus Christus in alle Ewigkeit“ – mit diesen Worten beginnt das Lied der Lichtmess-Sänger. Nikolaus Beuttner hat es geschrieben. Kenner der österreichischen Musikgeschichte horchen bei dem Namen auf: 1574 hatte der ins Fahrwasser der Reformation geratene Grazer Stadtpfarrer Andreas Gigler seine „Gesangs Postill“ veröffentlicht, den ersten steirischen Notendruck überhaupt. Ein knappes Vierteljahrhundert später, 1602, reagierte die katholische Seite mit einem weiteren Liederbuch fürs Volk: Autor des „Catholisch Gesang-Buch“ war Nikolaus Beuttner aus dem fränkischen Gerolzhofen. Zu dieser Zeit war er Schulmeister im steirischen St. Lorenzen. In

dem Büchlein findet sich das Lied, das noch heute dort beim Lichtmess-Singen erklingt – „zurechtgesungen in einem vierstimmigen Satz", wie Johanna Huber erklärt. Aus dem Beuttner'schen Gesangsbuch stammt im Übrigen eines der schönsten alten Adventlieder überhaupt: „Und unser lieben Frauen, der träumete ein Traum". Was den eifrigen Gegenreformatoren entgangen oder von ihnen großzügig übersehen worden ist: Eine Reihe von Liedtexten aus dem Beuttner-Gesangsbuch stammte von Luther.

Von Dreikönig bis Maria Lichtmess ziehen die Sänger in St. Lorenzen von Haus zu Haus. Die Zeitspanne ist notwendig, denn man besucht tatsächlich alle Haushalte im Ort, „und das sind jetzt schon 2000", berichtet die Chorleiterin. Wochentags ist eine Gruppe unterwegs, Hausfrauen und Pensionisten. „An den Wochenenden machen sich bis zu acht Gruppen auf den Weg." Um acht Uhr früh brechen sie auf, bis zu 50 Häuser pro Tag werden besucht. „Wir sind gern gesehene Gäste", sagt Johanna Huber. „Man bringt etwas mit, etwas Nicht-Materielles, von dem viele zehren." Oft wird die Sängergruppe ins Haus gebeten, und das ist den Sängern nicht unlieb: „Nicht selten hat es ja minus 15 Grad!" Freude über Speis und Trank bei den Lichtmess-Sängern – „aber die Kilos häufen sich ..." Früher war es so, dass die St. Lorenzener Lichtmess-Sänger für ihre Kirche „das Kerzengeld fürs ganze Jahr" ersungen haben. Auch jetzt bleibt das Geld in der Pfarre. „Zuletzt haben wir für die Restaurierung der Kirchenfenster gesungen", erzählt Johanna Huber.

Für die Besuchten kommt die Sängergruppe nicht unerwartet: In den Pfarrnachrichten wird kundgetan, in welchen Straßen des Ortes und wann die Lichtmess-Sänger unterwegs sind. Das alte Lied von Nikolaus Beuttner hat fünf Bittstrophen und vier Dankstrophen. Nach dem Lichtmessopfer der Hausbewohner kommt ein Danklied, in das auch die wichtigsten Bauernheiligen der Gegend einbezogen sind: Florian (der Helfer gegen Feuer), Donatus (ein Patron für gutes Wetter), Laurentius (ein Ernteheiliger) und Patrizius (ein Fürsprecher fürs Vieh) – und auch die heiligen Schutzengel werden angerufen.

Es ist der Brauch, dass alle Lichtmess-Sänger gemeinsam in der Pfarrkirche von St. Lorenzen am 2. Februar die Messe gestalten.

WO: In St. Lorenzen im Mürztal (Steiermark).

WANN: Zwischen Dreikönig und Maria Lichtmess.

INFORMATIONEN: Pfarrverband St. Lorenzen im Mürztal/St. Marein im Mürztal, Hauptstraße 3, 8642 St. Lorenzen im Mürztal, Telefon: 03864 22 59, E-Mail: st-marein-muerztal@graz-seckau.at
Johanna Huber, Leiterin des Kirchenchores St. Lorenzen, Telefon: 03864 39 02

Schwimmende Kirchen, quietschende Türen

Das „Kirchleintragen" in Bad Eisenkappel: Wie ein Bibelspruch um eine sehr weltliche Gaudi erweitert wurde

Es war im späten Mittelalter, genauer gesagt im Jahr 1180. Die Vellach führte wieder einmal Hochwasser und die Bewohner suchten einen höheren Punkt auf, nämlich die Kirche „Maria Dorn". Dort bauten Zimmerleute ein Modell der Kirche aus Holz nach und setzten es in die reißenden Fluten des Flusses. Sie legten das Gelöbnis ab, künftig jedes Jahr ein Holzkirchlein im Fluss auszusetzen. Tatsächlich ging das Hochwasser zurück und die Menschen konnten wieder hinunter in ihr Dorf.

War das wirklich Anfang Februar, also eigentlich noch vor der großen Schneeschmelze? Oder ist der Zeitpunkt deshalb so gewählt worden, weil er gut zum 2. Februar passt, zum Fest „Maria Lichtmess", an dem die Kerzen gesegnet werden? Wie auch immer: Das Kirchleintragen in Bad Eisenkappel ist ein uralter Brauch und ein schöner Abschluss des Licht-Brauchtums in der dunklen Zeit.

Jedes Jahr im Jänner basteln Schülerinnen und Schüler der dritten und vierten Volksschulklassen rot-weiße Papierkirchlein. Mit buntem Seidenpapier

werden die kleinen Fenster verkleidet. Die Kirchenmodelle kommen auf ein Holzbrett, und dieses wiederum wird auf einer Tragestange montiert. Entzündet man die Kerzen, so beginnen die Kirchlein malerisch zu leuchten.

So trifft man sich am Vorabend von Maria Lichtmess, am 1. Februar, bei der Volksschule und marschiert zur Kirche. In einer kurzen Andacht werden die Kirchlein gesegnet und dann geht die Prozession talwärts. Das Eigentümliche an der Prozession ist der litaneiartig wiederholte Spruch, der nachdrücklich daran erinnert, dass man hier in einem gemischtsprachigen Gebiet und Slowenien nahe ist: „Ante pante populore, Kocle vrate cvilelore", das wird beständig wiederholt.

Latein-Professoren werden die Stirn runzeln: Der erste Teil des Spruchs ist eine Verballhornung aus dem Lobgesang des Simeon: „Quia viderunt oculi mei salutare tuum, quod parasti ante faciem omnium populorum.", was übersetzt heißt „Denn meine Augen haben dein Heil geschaut, das du vor dem Angesicht aller Völker bereitet hast." Aber noch mehr wundern sich jene, die des Slowenischen mächtig sind: Was um alles in der Welt hat der Ruf „Beim Kocel quietschen die Tore" – so heißt der zweite Teil des Sprüchleins übersetzt – in einer kirchlichen Prozession verloren?

Angeblich ein Jux, der unversehens zur Gewohnheit geworden ist: 1854 soll es gewesen sein, da quietschte gerade, als die Prozession vorüberzog, beim Haus Kocel (jetzt: Hotel Obir) die Haustür. Um den Hausbesitzer zu ärgern, hat ein Spaßvogel namens Luka Smrtnik den zweiten Teil, der sich bis heute erhalten hat, hinzugefügt. Alle haben's wiederholt – und in den Jahren drauf erinnerte man sich immer wieder der Begebenheit. Ein Spruch war geboren.

Die Prozession führt bis zur Schlossbrücke, hier werden die Papier-Kirchlein den Fluten der Vellach übergeben. Es hängt vom Wasserstand ab, ob sie rasch umkippen oder ob die Lichter ein paar Hundert Meter weiter auf den Wellen tanzen. Das jährliche Gelöbnis ist damit jedenfalls erfüllt.

WO: In Bad Eisenkappel (Kärnten). Die Prozession führt von der Volksschule zur Kirche und weiter durchs Dorf bis zu Schlossbrücke.

WANN: Am Vorabend von Maria Lichtmess, 1. Februar um 18 Uhr

INFORMATIONEN: Bad Eisenkappel Information, Hauptplatz 7, 9135 Bad Eisenkappel, Telefon: 04238 8686, Internet: www.bad-eisenkappel.info, E-Mail: tourismus@bad-eisenkappel.info

Geweihte Kerzen, Segen gegen Halsweh

„Maria Lichtmess“ hat bei Weitem nicht mehr jene große Bedeutung, die dem Fest einst zugekommen ist

Wir weiten die Weihnachtszeit aus – und doch auch wieder nicht. Nach strengem liturgischem Verständnis ist Weihnachten ja spätestens mit 12. Jänner zu Ende. Am Sonntag nach Dreikönig ist das (bewegliche) Fest „Taufe des Herrn“ angesetzt, und ab diesem Zeitpunkt beginnen kirchlich wieder die Wochen im Jahreskreis: Die Messgewänder sind nicht mehr weiß, sondern grün.

Im Brauchtumskalender freilich darf Weihnachten entschieden länger nachklingen: Der 2. Februar, Maria Lichtmess, ist jener Tag, an dem die Christbäume endgültig abgeräumt sein müssen. Auch die Krippenfiguren werden an diesem Tag wieder sorgsam in Papier gewickelt und verstaut.

In vielerlei Hinsicht ist Maria Lichtmess ein auffälliger Tag im Jahreskreis. Früher war „Schlenggltag“ oder „Schlenkltag“: ein freier Tag (oder auch mehrere) für die bäuerlichen Dienstboten, die zu Lichtmess ihr Jahressalär erhielten und zu dem Termin gegebenenfalls auch den Dienstgeber und damit den Hof wechselten. Das war sinnvoll, denn im Advent und über Weihnachten gab es für sie ja bei vielen Kirchgängen die Möglichkeit, neue soziale Kontakte zu schließen und damit neue Arbeitgeber zu suchen. Und die bäuerliche Arbeit kam auch erst jetzt, nach Maria Lichtmess, allmählich wieder in Gang.

Aber wo gibt es heutzutage noch Mägde und Knechte? Da ist eine Fülle von früher selbstverständlichem Brauchtum verloren gegangen, weil sich die Struktur der Gesellschaft radikal gewandelt hat. Umzüge, Festessen ... Das Wort „Schlenggl- oder Schlenkltag“ kommt übrigens von „schlanken“, müßig umhergehen. Das Attribut „schlaksig“ hat etymologisch dieselbe Wurzel.

Zu Maria Lichtmess bekamen auch Handwerksburschen halbtägig frei, und dieser „Lichtblaumontag“ habe – so vermuten Sprachforscher – zur Bezeichnung „Blauer Montag“ geführt. Die Argumentation hat etwas Bestechendes, auch wenn's bloß eine Hypothese ist.

Maria Lichtmess ist der Tag, an dem traditionellerweise im Gottesdienst die Kerzen gesegnet werden, und zwar gleich der Jahresbedarf an Kerzen. Den frisch gesegneten Kerzen traute man besondere Kraft zu, und deshalb wurden – leider ist auch da die Vergangenheitsform angebracht – vielerorts daheim Kerzen entzündet. In häuslichen Andachten erbat man an dem Abend Wettersegen. Nur mehr wenige Menschen im beginnenden 21. Jahrhundert sind unmittelbar vom Wetter abhängig ...

Wie kam das Fest zum Licht? Es ist ein markanter Punkt im Jahr, an dem – nicht nur subjektiv – die Tage deutlich länger werden (die Dauer der Sonneneinstrahlung nimmt nicht linear zu). Das hat schon bei den Römern und Kelten zu Lichtfesten geführt. Das Christentum hat den Tag mit der Kerzensegnung sinngemäß besetzt.

Im Übrigen sind die Inhalte von Maria Lichtmess durchwachsen, und die Bedeutungen wechselten im Lauf der Geschichte. Ein Marienfest war der Tag deshalb, weil eine Frau im Judentum 40 Tage nach der Geburt eines Sohnes (80 nach jener einer Tochter) als unrein galt. Die Frau musste ein Reinigungsopfer darbringen, wahlweise zwei Turteltauben oder zwei junge Tauben. Soweit die marianische Komponente zum Tag.

Nach heutigem Verständnis gilt Maria Lichtmess aber als Herrenfest, „Die Darstellung Jesu im Tempel“: Weil Jesus der Erstgeborene war, galt er als Eigentum Gottes und musste von den Eltern zuerst ausgelöst werden. Er wurde zum Priester gebracht und vor Gott „dargestellt“ (und bei der Gelegenheit auch beschnitten). Als die Eltern zu diesem Zweck in den Tempel kamen, begegneten sie dem betagten Simeon und der Prophetin Hannah, die Jesu göttlichen Ursprung erkannten. Simeon stimmte laut Lukas 2,29-32 einen Lobpreis an, in dem es unter anderem heißt: „... ein Licht, das die Heiden erleuchtet“. Womit die Kerzensegnung trotz heidnischem Ursprung eine ursächlich christliche Symbolik bekommt.

Heutzutage wird im Anschluss an den Lichtmess-Gottesdienst (meist abends) auch der sogenannte Blasiussegen erteilt (der Gedenktag des heiligen Blasius von Sebaste ist tags darauf, am 3. Februar): Er wird mit zwei überkreuzten Kerzen gespendet und beugt dem Volksglauben nach Halserkrankungen vor.

WO: In allen katholischen Pfarrkirchen.

WANN: Zu Maria Lichtmess (am 2. Februar) finden Kerzenweihe und Blasiussegen im Regelfall während der Abendmesse statt.

Glückwünsche singen

Die „Edelschrotter Lichtmessgeiger" bringen auch den Musik-Nachwuchs zu dieser Tradition zurück

Hiatz kimmt scho glei da Liachtmesstog, / unser liaben Frau ihr Namenstag. / Wir loben Gott und unser liabe Frau, / wir loben Gott, den Herrn." So beginnt das Lied, das die Edelschrotter Lichtmessgeiger singen, wenn sie Hausleuten ihr Ständchen bringen. Ein frommer Gesang? Das Lichtmessgeigen hat eine ganz starke soziale Komponente, und darum bleibt es nicht beim allgemeinen Text. Da geht es ganz volkstümlich weiter: „Was wünsch ma da Bäurin, / was is sie denn wert, / a silbarnes Kochg'schirr / und an goldenen Herd." Oder an die Adresse des Hausherrn: „Was wünsch ma dem Bauern / in den Stall hinein: / lauter große Ochs'n / und a recht foaste Schwein." Aber jedes dieser munteren G'stanzeln mündet in den frommen Refrain „Wir loben Gott ...", was mitunter ganz skurrile Gegensätze ergibt.

Das Lichtmessgeigen ist ein alter Wunschbrauch. In Edelschrott, einer kleinen Gemeinde an der Packer Bundesstraße, haben ihn ambitionierte Lehrer wieder aufleben lassen. Es gibt dort eine Volks- und eine Hauptschule, jeweils mit Musikschwerpunkt. Da sind also gute Ressourcen vorhanden. „Zu den Lehrern gesellte sich ein Gastwirt. Ein pensionierter Schulbusunternehmer sorgte für den Transport an die musikalischen Wirkungsstätten", erzählt Reinhold Haring, der in der Gruppe der „Edelschrotter Lichtmessgeiger" das Steirische (also: diatonische) Hackbrett spielt.

Während sich an anderen Orten, wo es das Neujahrs- oder Lichtmessgeigen noch gibt, Gruppen der örtlichen Blasmusik auf den Weg machen, sind es in Edelschrott neben der Steirischen Harmonika lauter Saiteninstrumente: Geige, Gitarre, Bassgeige und Hackbrett.

Die Zeit vor Silvester und um Maria Lichtmess war in der bäuerlichen Bevölkerung immer von besonderer Bedeutung. Nach den Weihnachtstagen gingen Sänger und Musikanten von Haus zu Haus, von Bauernfamilie zu Bauernfamilie, um von der Geburt des Herrn zu singen. Man erhielt Speis und Trank und manchmal auch Unterschlupf. Später erst wurde Geld gegeben.

Um die Lichtmesszeit war der Wechsel der Mägde und Knechte angesagt. Des Öfteren war diese Zeit des Abschiednehmens für beide Teile gleich schwer. Man hatte halt nicht immer Platz für alle. Um diese Zeit zogen die Musikanten und Sänger herum, um den Hausleuten für die „neue Zeit" alles Gute zu wünschen. Im Anschluss an das Singen wurde die geweihte Lichtmesskerze überreicht, welche ihren Platz im Herrgottswinkel fand. Diese Kerze sollte vor Unwettern außerhalb und auch innerhalb des Hauses schützen.

Auch die heutigen Edelschrotter Lichtmessgeiger erwarten eine Geldspende. Die Einnahmen kommen ausschließlich den Kindern der Musik-Volksschule und der Hauptschule (ebenfalls mit Musikklassen) zugute. „Es werden musikalische Veranstaltungen subventioniert, Instrumente gekauft", erklärt der Direktor. Was ihn besonders freut: Unterdessen machen sich zu Neujahr und zu Maria Lichtmess auch schon Schülergruppen musizierend und singend auf den Weg. „Das sollte ja eigentlich der Hintergrund sein: Ererbtes revitalisieren und pflegen."

Bei der Traditionspflege ist es nicht geblieben. Die Edelschrotter Lichtmessgeiger haben sich rasch einen Namen gemacht in der Volksmusikszene. Sie sind nicht nur um den 2. Februar als Gäste wohlgelitten, sondern auch bei Hochzeiten, offiziellen Festakten und Tanzveranstaltungen sehr gefragt. Und sie haben sogar schon Tourneen nach Amerika, Kanada, Deutschland und Italien gemacht.

WO: In Edelschrott in der Weststeiermark.

WANN: Das Neujahrsgeigen in der Zeit zwischen Weihnachten und Silvester, das Lichtmessgeigen um den 2. Februar.

INFORMATIONEN: Marktgemeinde Edelschrott,
Packer Straße 17, 8583 Edelschrott, Telefon: 03145 244,
Internet: www.edelschrott.at, E-Mail: gde@edelschrott.steiermark.at

Bratäpfel, Störibrot und Mettenwürstel

Was man in der Weihnachtszeit gerne isst

Auch wenn das Essen nicht Thema dieses Buches ist, ein paar Besonderheiten und das vermeintlich Selbstverständliche seien wenigstens gestreift. Die Bratäpfel gehören zum Advent und zu Weihnachten so wie das Kletzenbrot. Was erstere anbelangt, könnte man natürlich weit ausholen. Hat doch schon Eva ihren Adam zu einem Biss in die verbotene „Frucht der Erkenntnis“ überredet. Dass es ein Apfel war, steht zwar nicht in der Bibel, aber in der Ikonografie hat sich der Apfel durchgesetzt. Soll uns der Bratapfel daran erinnern, dass es eine Rettung gibt von der Erbsünde, eben durch die Geburt des Gottessohnes?

Oft hält das Jesuskind in Bilddarstellungen einen Apfel in der Hand, das ist dann Gottes „Reichsapfel“. Aber das Symbol hilft wohl auch nicht wirklich weiter zu einer Erklärung für die Köstlichkeit aus dem Backofen. „Blaselte Äpfel“ heißt es im Alpenraum mancherorts, und damit ist beschrieben, dass die Haut des Apfels in der Hitze Blasen wirft. Die plausibelste Erklärung wird wohl sein, dass das Obst zu Weihnachten allmählich trocken wird und eine Fülle mit Nüssen, Rosinen, Marmelade – oder wie regional auch immer – das Apfel-Erlebnis doch aufpeppt.

Getrocknete Früchte bilden auch die Basis fürs Kletzenbrot, wobei „Kletzen“ im strengen Sinn getrocknete Birnen sind. In Osttirol spricht man von „Zelten“ (meint damit aber nicht den Lebzelten, sondern eben das Früchtebrot). In Tirol und Salzburg bestreicht man das Kletzenbrot mit Butter, und dort wird der dunkle Teig mit den köstlichen Früchten auch in weißen Brotteig „eingewickelt“. Das ist in Ostösterreich so nicht üblich.

Das Kletzenbrot war in bäuerlichen Gegenden auch eine Gabe an die Dienstboten ähnlich dem oberösterreichischen Störibrot. Um dieses halbweiße Brot rankt sich ein ganzes Bündel von Bräuchen und abergläubischen Vorstellungen. Ist die Brotbäckerin mit Störibrot-Teig an den Händen hinausgegangen und hat dann durchs Fenster geschaut, hat sie hoffentlich nicht den Tod an der Teigschüssel sitzen sehen. Das hätte nämlich bedeutet, dass sie im kommenden Jahr sterben werde ...

Im Namen „Störibrot“ steckt möglicherweise das althochdeutsche Wort „stere“, was Kraft bedeutet. Auch die Tiere im Stall haben ein kleines Stück Störibrot als „Maulgabe“ erhalten (so wie mancherorts vom Kletzenbrot). „Kim amal die Feirta ö's Störi kostn!“ – das war in bäuerlichen Kreisen eine Einladung an Besuche des Hauses über die Feiertage.

Ein hoher Anteil an Weizenmehl und einem ganz hellen Roggenmehl macht die helle Farbe des Störibrotes aus; im bäuerlichen Menüplan gab es sonst ja ausschließlich dunkles Brot. Anis und Sternanis kommt als Würze hinein – aber im Prinzip hat auch jede Bäckerei ihr eigenes Rezept.

Es gibt keine Bäckerei in Österreich, die nicht Christstollen anbieten würde. Das ist eines der ältesten dokumentierten Gebildbrote – angeblich 1329 in Naumburg an der Saale erstmals erwähnt. Die weiße Zuckerschicht außen soll das in Windeln liegende Jesuskind verbildlichen.

In Osttirol, vor allem im Defereggental, kredenzt man zu Weihnachten den „Blattlstock“. Das sind dünne Germteigscheiben, die übereinander geschichtet werden, dazwischen gehört dicke Mohnfülle.

Der Weg zur Christmette und wieder nach Hause konnte in der vormotorisierten Zeit dauern. Und etwas Warmes war (und ist) auch zur nachmitternächtlichen Heimkehrstunde gefragt. Da ist eine Mettensuppe nicht so abwegig. In Salzburg zum Beispiel kennt jedermann Mettenwürstel, aber was ist da genau drin? Jedes Fleischerfachgeschäft habe sein Herstellungsgeheimnis, das gehütet werde „wie der eigene Augapfel“, versichert der Salzburger Fleischer-Innungsmeister Helmut Karl. „Diese aus Kalb- und Schweinefleisch hergestellten weißen Würstel schmecken deswegen so gut, weil sie roh bleiben und erst zu Hause im eigenen Kochtopf erstmals überbrüht werden.“ Eine Fleischermeisterin in Oberndorf hat auf neugierige Nachfrage hin dann doch geplaudert, obwohl auch sie erst einmal aufs „alte Geheimrezept“ gepocht hat. Nun denn: Der Kalbfleisch-Anteil ist hoch, Zitrone und viel

Petersilie kommt hinein. Je nach Belieben werden diese feinen Weißwürste gekocht, in Butter gebraten oder eben in die Suppe geschnitten. „Schon der Großvater hat die Mettenwürstel gemacht", bestätigt die Fleischermeisterin, „es gibt die Würstel, seit es unsere Firma gibt." In dem Fall also: seit 1931.

Der Brauch, am ersten Adventsonntag Bratwürstel zu essen, lässt sich in Oberösterreich mehrere Jahrhunderte zurückverfolgen. Eher jung hingegen das „Lichtbratlessen", das die Goldhaubengruppe im oberösterreichischen Haid seit gut zwei Jahrzehnten pflegt: Das Lichtbratl ist ein Surbraten, der mit Krautsalat und Semmelknödel zu Maria Lichtmess angeboten wird. Rund 400 Portionen bereiten die Goldhaubenfrauen zu. „Meist bezahlt der Ehemann der Ehefrau ein Bratl, damit sie ihm ein Jahr treu bleibt." Eine preisgünstige, bestimmt lohnende Investition ...

Der Weihnachtskarpfen, ein fester Begriff zwar, ist gar nicht so populär. Er wird regional eher in Ostösterreich, in den Grenzgebieten zu Tschechien und Ungarn verspeist.

INFORMATIONEN: Das „Lichtbratlessen" findet zu Maria Lichtmess im Pfarrsaal von Haid (Oberösterreich) statt. Goldhaubengruppe Haid, Marianne Veit, Telefon: 0699 194 12 177, Internet: www.goldhaubengruppe-haid.com

Register

Bräuche und Orte

Bildnachweis

Umschlagfoto:
Stainacher Glöckler, Heli Maierhofer
Ambience: Tanja Kühnel
Fotoecken: Shutterstock, samantha grandy

Archiv Heimathaus, Mariazell, 38; Büro für Weihnachtslieder, 30; Brabek, Eva, 12; Dreikönigsaktion Hilfswerk der Katholischen Jungschar, 169, 171; Doppelquartett Edelweiß, 172; Europark, 66; Ferienregion Traunsee, 87, 88; Fink, Barbara, 160–162; Foto Bauer, Saalfelden, 82; Fotoklub Ebensee, 115, 116; Gamper Weihnachtsschützen, 113; Gastein Tourismus, 50; Gemeinde Gams bei Hieflau, 92; Gemeinde Maria Schmolln, 167; Gemeindeamt Nebelberg, 164; Größwang, Gerhard (Krippenspielgemeinde), 124; Hasenöhrl, Gertraud (Schnalzergruppe Loig), 121–123; Haring, Reinhold (Archiv), 187; Heinzle, Oliver, 36, 37; Huber, Johanna, 181; Huss Silvana, Sonderschule für Schwerstbehinderte, Klagenfurt, 110; Jung Alpenland, 71, 72; Jungwirth, Josef, 166; Kelemen, Laszlo, 68; Krampusmuseum Suetschach, 53–55; Kratzer, Walter, 48; Kriechbaum, Reinhard, 82; Kühnel, Tanja, 69, 85, 90, 94–96, 100–102, 128, 131, 137–139, 144, 145, 147, 176, 180, 185, 189, 191; Lebzelterei Pirker, 73; Lechner, Franz, 59; Maierhofer, Heli (Stainacher Glöckler) 156, 157; Mostviertel Tourismus, 64, 65; ORF Oberösterreich, 108–109; Parth, Josef, 39; Pfeifer M., Blasmusikkapelle St. Martin an der Raab, 129; Pfeiffer, Clemens (www.panoramafotos.net), 24; Pressestelle der Diözese Gurk/Eggenberger, 127; Promitzer, Manfred (Archiv), 133; Salzburger Adventsingen, 75; Shutterstock (alehnia, 32) sowie Hintergrund (Portokalis); Sonnweber, Josef (Archiv), 174; Schrefel, Josef, 146; Stadtmarketing Lienz 18, 19; Steininger, Andreas, 103; Schweinöster, Walter 35, 70, 135, 141, 150, 151, 153, 154, 163; UMIZ, 62; Waldverband Steiermark (Archiv), 99; Weihnachtsmarkt am Spittelberg, 15; Wolf, Helga-Maria (Archiv), 81; Zehentner, Priska, 78; Tiroler Volkskunstmuseum, 119; Tobi Reiser Adventsingen, 2009/G. K., 76; TVB Steyr / Hochhauser, R., 16, 17; TVB Steyr, 26–28; www.christkindlmarkt.co.at, Salzburg, 20, 22; Tourismusinformationbüro Bad Mitterndorf, 43; Tourismusinformationsbüro Bad Mitterndorf / Rastl, Albert 44; TVB Ausseerland – Salzkammergut, 143; Tourismusverein Bad Eisenkappel, 183; Tourismusverband Heiligenblut, 177; Tourismusverband St. Nikola – Donau, 56, 57; Tourismusverband Oberndorf, 105–107; Tourismusverband Rauris, 140; Tourismusinformation Traismauer, 60; Tourismusverband Tux-Finkenberg, 148; Tourismus Veitsch, 46; Trachtenverein D'Rabenstoana Golling, 159;

Liebe Leserin! Lieber Leser!

Gefällt Ihnen dieses Buch? Ergänzungsvorschläge, Wünsche und Kritik nimmt der Verlag gerne unter buch@spv-verlage.at entgegen.

Ebenfalls im Verlag Anton Pustet erschienen

Ist das Christkind wirklich blond?
Heitere Weihnachtsgeschichten für große Kinder

Nina Stögmüller/Heidi Vitéz (Hg.)
168 Seiten, Hardcover, 21 x 21 cm
EUR 19,95
ISBN 978-3-7025-0634-6

Stimmungsvolle Weihnachtsgeschichten und Adventhoppalas – österreichische Top-Medienfrauen lassen uns die ruhige Zeit mit einer ordentlichen Portion Humor und Tiefgang erleben.

Johann Bernhard Fischer von Erlach

Regie der Relation

Andreas Kreul

448 Seiten, Hardcover, durchgehend farbig bebildert

22 x 28 cm

EUR 34,95

ISBN 978-3-7025-0534-9

Die große Monografie zu Johann Bernhard Fischer von Erlach
Mit einem Verzeichnis der plastischen und architektonischen
Werke, einer umfangreichen Bibliografie
sowie neuen Farbfotografien der Bauwerke von Georg Parthen

Wie im wachen Traume

Zeichnungen, Aquarelle und Ölskizzen der deutschen
und österreichischen Romantik
Bestandskatalog aus dem Kupferstichkabinett der
Akademie der bildenden Künste Wien

Cornelia Reiter
472 Seiten, schwarzweiß und farbig bebildert
23,5 x 30,5 cm
EUR 90,–
ISBN 978-7025-0529-5